François Guary
Professeur agrégé
Lycée Jean Macé (Vitry)

Arièle Stromboni
Professeur certifié
Maison de la Légion d'Honneur
(Saint-Germain-en-Laye)

Joselle Starck
Professeur agrégé
Lycée de Rueil-Malmaison

Mireille Vissières
Professeur agrégé
Lycée Pierre de Fermat (Toulouse)

Avec la collaboration de
Katsy Blamont-Newman
B.A. (Honours) - Professeur agrégé
Lycée de Sèvres

ANGLAIS

200 EXERCICES

AVEC PRÉCIS GRAMMATICAL ET CORRIGÉS

NATHAN

AVANT-PROPOS

Cet ouvrage s'adresse à tous ceux qui, dans un cadre scolaire, universitaire, professionnel ou personnel, désirent :

— **perfectionner** leur connaissance de l'anglais,
— **combler** leurs lacunes grammaticales.

Il pourra donc être utilisé avec profit dès le **collège** en classe de 3e, au **lycée,** et en **formation continue.**

À cet effet, nous proposons une **approche** très **complète** et **structurée** des principaux points de la grammaire anglaise que nous avons regroupés en 24 chapitres. Chaque chapitre se divise en deux parties :

— **Partie 1 : explications claires et détaillées** du point abordé, illustrées par de **nombreux exemples** et **tableaux synthétiques.** Cette partie grammaticale représente l'**essentiel** de ce qu'un élève ou un étudiant doit savoir.

— **Partie 2 :** série d'exercices recoupant tous les points abordés dans le chapitre. Nous avons situé ces exercices à **3 niveaux de difficulté :**

1) Exercices sans astérisque : niveau moyen
2) Exercices à un astérisque* : niveau moyen-fort
3) Exercices à deux astérisques** : niveau fort.

Vous trouverez à la fin de l'ouvrage les **corrigés des exercices.**

Les auteurs

SOMMAIRE

I. LES DÉTERMINANTS

Un déterminant est indispensable devant un nom commun. On appelle déterminants les articles *(a car, the car, ø cars)*, les démonstratifs *(this/that car, etc.)* et les possessifs *(my car, your car, etc)*.

1. LES ARTICLES

	ARTICLE		NOM
INDÉFINI	***a(n)*** = un, une	*a* devant une consonne : *a coat,* sauf *an hour, an heir(ess), an honest man.* *an* devant une voyelle : *an egg,* sauf *u* [ju] : *a unit, a unique moment.*	DÉNOMBRABLE SINGULIER
	zéro = des	*She's writing letters.*	DÉNOMBRABLE PLURIEL
SPÉCIFIQUE	***the*** = le, la, les	*Where's the car?* *How much are the roses?* *The milk is in the fridge.* (Noms définis par le contexte)	DÉNOMBRABLE INDÉNOMBRABLE
GÉNÉRIQUE	**zéro** = le, la, les	*He likes music.* *I don't like roses.* (En général)	INDÉNOMBRABLE DÉNOMBRABLE PLURIEL
PARTITIF	**zéro** = du, de la, des	*Is it gold?* *Are there only girls?*	INDÉNOMBRABLE DÉNOMBRABLE PLURIEL

CAS PARTICULIERS

■ ***a(n)*** est obligatoire dans les cas suivants (alors qu'on n'utilise pas d'article indéfini en français) :

— devant les noms de métiers, d'occupations :
He's a vet. His sister, an actress, lived with him.

— après la préposition *without* (= sans), avec un nom dénombrable :
without an umbrella. (sans parapluie)

— devant les expressions de temps et de mesure :
170 miles an hour - £3 a pound.

■ ***the*** est obligatoire ou impossible quand en français on utilise « le, la, les » :

the est obligatoire

— après *play* (noms d'instruments) : *He plays the saxophone.*

— devant les noms de personnes pluriel : *the Morgans.*

— devant les noms de cours d'eau, de mers : *the Danube, the Red Sea.*

— devant les noms de pays pluriel : *the U.S.A., the Netherlands.*

— devant des adjectifs employés comme noms (groupes d'individus en général) = adjectifs de nationalité ou indiquant des propriétés humaines : *the French, the rich, the sick.* (les riches, les malades...)

the est impossible

— après *play* (noms de jeux) : *They play bridge.*

— devant les noms de personnes singulier précédés d'un titre : *Chairman Mao, Captain Hastings.*

— devant les noms de sommets, de lacs : *Mount Everest, Lake Michigan.*

— devant les noms de pays singulier : *Italy, France.*

— devant les noms de repas : *Dinner is ready. – What's for lunch?*

— devant les parties du corps ; il faut indiquer le possesseur : *He broke his arm.* (Il s'est cassé le bras.)

1.

Complétez chaque phrase avec *a(n), the* ou ø (article zéro).

1. . . . sun was shining in . . . sky. **2.** I'd like to visit . . . Japan and . . . U.S.A. **3.** This is . . . fastest car I've ever driven. **4.** Could you tell me where . . . post office is, please? **5.** He never stole from . . . poor. **6.** . . . doctors think . . . cancer could be cured in a few years. **7.** . . . time is . . . money. **8.** We had to cross . . . Atlantic Ocean in . . . small boat. **9.** — Does she play . . . piano well? — No, but she plays . . . poker like a man! **10.** . . . tigers are more and more scarce in . . . India. **11.** He was left without . . . friend.**12.** Have you ever met . . . woman who didn't like . . . diamonds?

*2.

Chacune de ces phrases, dont les mots sont dans le désordre, a un article en trop. Trouvez-le en reconstituant chaque phrase.

1. 1927 - of - was - a - hot - summer - terribly - the. **2.** fly - an - soup -a - enormous - my - is - there - in. **3.** weather - like - a - what -the - today - is? **4.** has - difficult - teacher - very - an - us - given - the - essay -a. **5.** Italy -the - countries - is - a - sunniest - one - the - of - world -in.

*3.

a. Traduisez le passage suivant.
b. Justifiez, pour chaque groupe nominal souligné, l'emploi ou l'absence de l'article.

Ex. : an ivory poacher: *nom de métier en position d'attribut ;* ivory *commence par une voyelle.*

Flynn Patrick O'Flynn was an ivory poacher *(trafiquant)* by profession, and modestly he admitted that he was the best on the east coast of Africa.

Rachid El Keb was an exporter of precious stones, of women for the harems and great houses of Arabia and India, and of illicit ivory. This he admitted only to his trusted *(sûrs)* clients; to the rest he was a rich and respectable owner *(propriétaire)* of coastal shipping *(navires côtiers)*.
In an afternoon during the monsoon *(mousson)* of 1912, drawn *(attirés)* together by their mutual interest in pachyderms, Flynn and Rachid sat in the back room of El Keb's shop in the Arab quarter of Zanzibar, and drank tea from tiny brass thimbles *(minuscules dés en cuivre)*. The hot tea made Flynn O' Flynn perspire *(transpirer)* even more than usual. It was so humid hot in the room that the flies sat in languid *(amorphe)* stupor upon the low ceiling *(plafond bas)*.

Wilbur Smith, *Shout at the Devil* (1968).

*4. Traduisez.

1. Le Général Simpson quitta la réunion. **2.** Tu ne devrais pas sortir sans manteau. **3.** Où sont les enfants ? **4.** Les enfants ont plus d'imagination que les adultes. **5.** Tu dois lui rendre l'argent qu'il t'a prêté la semaine dernière. **6.** Je n'aime pas les serpents. **7.** La France et les États-Unis sont alliés depuis plus de deux siècles. **8.** Donne-moi le sel, s'il te plaît. **9.** Le président visitera la ville demain. **10.** Mme Fenton, biologiste, est directrice de l'Hôpital Guy Fawkes.

2. LES ADJECTIFS DÉMONSTRATIFS

ADJECTIF DÉMONSTRATIF			**NOM**
this ***these***	• Proche dans l'espace : *Here, take this pen.* *These shoes are too big.*	• Proche dans le temps : *Come this afternoon.* *I'm busy these days.* (ces jours-ci)	SINGULIER PLURIEL
that ***those***	• Éloigné dans l'espace : *Look at that plane!* *Look at those birds up there!*	• Éloigné dans le temps : *On that day in 1939...* *In those days* (en ce temps-là)	SINGULIER PLURIEL
	• Pour marquer une nuance affective (admiration, surprise, irritation, dégoût...) : *Styron, that wonderful writer!* *I can't stand those people!*		

5. Faites le bon choix : *this, that, these* ou *those?* (Ne tenez compte que de la règle de la proximité et de l'éloignement dans l'espace ou le temps.)

1. Would you like to try one of ... cigars, Samantha? **2.** What are all ... children doing here in the living room, Jennifer? **3.** In ... days, I hadn't been born. **4.** I'll probably see her ... week or next. **5.** I feel like going to ... Indian restaurant you told me about last time. **6.** I'd rather you didn't touch ... video recorder, Nicholas; it cost me a fortune. **7.** The Amazon! Do you really intend to live in ... part of the world? **8.** I'll always remember ... happy days when life was easier. **9.** ... coat is exactly what I want! I'll take it. **10.** ... days, young people are no longer what they used to be.

6. Traduisez ces phrases en tenant compte de tous les emplois possibles de *this, that, these* et *those.*

1. Ne touche pas à ce couteau ! Tu vas te faire mal. **2.** Écoute ... J'adore cette chanson. **3.** Regarde ces gros nuages noirs. Il va pleuvoir. **4.** Arrête cette horrible musique immédiatement ! **5.** Et si on allait au cinéma cette semaine ? **6.** Est-ce que tu peux porter cette valise, s'il te plaît ? **7.** Je n'ai jamais réussi à finir ce problème. Il était trop difficile ! **8.** En ce temps-là, les enfants respectaient leurs parents ! **9.** Je ne me sens pas très bien ces jours-ci. **10.** Ces voisins ! Qu'ils sont bruyants !

3. LES ADJECTIFS POSSESSIFS

ADJECTIF POSSESSIF			NOM
my ***your*** ***his/her/its*** ***our*** ***your*** ***their***	• S'accorde avec le possesseur : *He lent me his car.* *She lent me her car.* *They lent me their car.* *Everyone brought their books.*	• Ne s'accorde pas avec le nom qui suit : *my bike* (ma ...) *my helmet* (mon ...) *my boots* (mes ...)	DÉNOMBRABLE OU INDÉNOMBRABLE
+ *own*	• Pour renforcer le possessif : *She makes her own bread.*		

7. Faites 8 phrases logiques en utilisant pour chaque phrase un élément de chaque colonne.

My sister	will sell	my	garden
Our dog	must write to	your	neighbours
You	enjoy entertaining	his	bone
I	has lost	her	uncle
My wife and I	should see	its	exam
John's brother	should water	our	friends
Our neighbours	can't stand	your	car
You	failed	their	aunt

*8 a. Complétez avec le déterminant approprié. (Plusieurs déterminants pourront parfois convenir ; n'en mettez qu'un.)

b. Traduisez le passage.

No seaside town *(ville côtière)* in ... South of ... England is, I think, as attractive as St Loo. It is well named ... Queen of ... Watering Places *(villes d'eau)* and reminds one forcibly *(tout à fait)* of ... Riviera. ... Cornish *(de Cornouailles)* coast is to ... mind every bit as *(tout aussi)* fascinating as that of ... South of ... France.
I remarked as much to ... friend, Hercule Poirot.
"So it said on ... menu in ... restaurant car yesterday, ... *ami*. ... remark is not original."
"But don't you agree?"
He was smiling to himself and did not at once answer ... question. I repeated it.
"... thousand pardons, Hastings. ... thoughts were wandering *(vagabondaient)*. Wandering indeed to ... part of ... world you mentioned just now."
"... South of ... France?"
"Yes? I was thinking of ... last winter that I spent there and of ... events which occurred."
I remembered. ... murder had been committed on ... Blue Train, and ... mystery — ... complicated and baffling *(déroutant)* one — had been solved by Poirot with ... usual unerring acumen *(infaillible perspicacité)*.
"How I wish I had been with you," I said with ... deep regret.
"I too," said Poirot. "... experience would have been invaluable *(précieuse)* to me."

Agatha Christie, *Peril at End House* (1931)

II. LA QUANTITÉ - LES QUANTIFICATEURS

1. PETITE QUANTITÉ

	(très) peu de	**moins de, de moins en moins de**	**pas beaucoup de**
DÉNOMBRABLE PLURIEL	*(very) few books*	*fewer books, fewer and fewer people*	*not many books*
INDÉNOMBRABLE	*(very) little time*	*less time, less and less money*	*not much time*

2. GRANDE QUANTITÉ

	beaucoup de, des tas de	**tant de, tellement de**	**pas mal de**
DÉNOMBRABLE PLURIEL	*a lot of, lots of, plenty of*	*so many*	*quite a few, quite a lot of*
INDÉNOMBRABLE	*a great deal of, a lot of, lots of, plenty of*	*so much*	*quite a lot of*

■ ***Many*** et ***much*** seuls (= beaucoup) s'utilisent surtout à la forme négative (voir II. 1.).

■ ***So much*** ou ***so many/so little*** ou ***so few*** + proposition complétive (= tellement/si peu... que) :
There was so much noise and so little air (that) I couldn't sleep.

3. QUANTITÉ...

	...suffisante (assez)	**...insuffisante** (pas assez, trop peu)	**...excessive** (trop)
DÉNOMBRABLE PLURIEL	*enough plates*	*not enough glasses, too few glasses*	*too many books*
INDÉNOMBRABLE	*enough money*	*not enough time, too little time*	*too much noise*

9. Compléter avec une expression de petite quantité ou de quantité insuffisante. Plusieurs possibilités pourront parfois convenir. Choisissez-en une seule.

1. ... pianists succeed without practising a lot. **2.** There's ... dust on the furniture. David must have done the housework yesterday. **3.** She's got ... patience with children. **4.** He's got ... paintings than when you first met him because they disappeared during the war. **5.** Poor John! He's got more and more work and ... time to do it! **6.** ... people are interested in art today that many galleries have had to close. **7.** I've ... got ... money left to buy new clothes. **8.** ... people read my books, that's why I've stopped writing. **9.** There's ... to eat that we'd better go to a restaurant! **10.** I'd known many people but ... were interesting that I decided to live on a desert island.

*10. Traduisez.

1. Le film était si mauvais que très peu de gens sont restés jusqu'à la fin. **2.** Il y a avait si peu d'air dans la pièce qu'elle dût sortir. **3.** De moins en moins d'hommes portent un chapeau de nos jours. **4.** Buvez peu, dormez beaucoup et vous vous sentirez bien. **5.** Il n'est pas assez grand pour jouer ce rôle. **6.** Les acteurs n'ont pas joué, il y avait trop peu de spectateurs. **7.** Peu d'acteurs se sentent à l'aise *(feel at ease)* avant une première représentation *(performance)*. **8.** Il y avait si peu de bus qu'ils durent rentrer à pied *(walk back home)*. **9.** Trop peu de sommeil peut être dangereux pour votre santé *(health)*. **10.** Il y a moins de neige que l'année dernière.

11. Complétez avec *much* ou *many* précédés ou non de *so* ou *too*.

1. He speaks ... that no one else can say a word. **2.** How ... people attended your last performance? **3.** Was it really necessary to invite ... friends to your party? **4.** There was ... fog for us to see anything. **5.** They had ... children that they had to move. **6.** Do you know how ... she paid for that car? **7.** We couldn't cross the street: there were ... cars. **8.** $1000 for a coat! That's...! **9.** There are ... doctors in some countries and not enough in others. **10.** There's ... work to do I don't know where to start.

***12. Traduisez.**

1. Combien veux-tu ? Deux dollars ? **2.** Des invités ? Il y en avait trop ! **3.** Elle travaille tant qu'elle ne peut voir personne. **4.** Des tas de gens pensent qu'il sera élu. **5.** Tu manges trop de pain. **6.** Il y a tant de gens qui mangent trop ! **7.** J'avais tellement de sacs à porter que je n'ai pas pu monter dans le bus. **8.** Peu de gens ont fait autant pour moi. **9.** As-tu vraiment besoin de tant d'argent ? **10.** Elle l'aime beaucoup.

4. QUANTITÉ QUELCONQUE (PAS TRÈS GRANDE)

■ ***Several*** (= plusieurs) est suivi d'un dénombrable pluriel : *several friends.*

■ ***A few*** + dénombrable pluriel (= quelques) :
a few nails, a few more nails.

A little + indénombrable (= un peu de) :
a little glue, a little more coffee, a little less milk.

■ ***Some*** et ***any*** (= quelques, des, du, de la...) sont suivis de noms dénombrables ou indénombrables.

Some	Phrases affirmatives : *I bought some tickets.* Offres : *Would you like some tea?* Questions attendant une réponse positive : *Can you lend me some money?*
Any	Questions contenant un doute : *Is there any coffee left?* Après *if* (nuance de doute) : *I was wondering if you had any aspirin.*
Négation + *Any*	Phrases contenant la négation *not* ou un mot à sens négatif *(never, hardly, without, rarely, scarcely...)* : *I can't give you any money – He was left without any money.*

■ *Some* et *any* sont aussi employés comme articles indéfinis.

— *Some* + dénombrable singulier (= un(e) quelconque) : *Some day..., some other time...*

— *Any* + indénombrable ou dénombrable singulier (= n'importe quel...). Il s'utilise alors dans les 3 formes de phrases :
Any coffee will do. – Can I take any bus? – Don't take any bus, take the 96.

 + exo p30

5. QUANTITÉ NULLE OU PRESQUE NULLE

■ ***No*** et ***none*** sont des mots négatifs ; il n'y a donc pas d'autre négation dans le groupe verbal.

- *No* placé dans le groupe complément (= pas de) est équivalent à *not + any :*
  There is no bread left (nom indénombrable). – *I have no lighter and no matches* (noms dénombrables).
- *No* placé dans le groupe sujet signifie « aucun ». Il est impossible d'utiliser *not + any* dans le groupe sujet : *No guest came.*
- *None* signifie toujours « aucun ».

■ ***No*** est toujours suivi d'un nom :

No passenger was injured.

There is no other solution.

None n'est jamais suivi d'un nom seul ; il peut être suivi d'un adjectif ou de *of* :
There were many passengers, but none was injured.
There is none better.
None of my friends was there.

■ ***Hardly any*** (= presque pas de) :
You will need hardly any clothes/any money.

*13. Traduisez en utilisant *a few, a little* ou *several.*

1. Peux-tu me donner un peu plus de sucre, s'il te plaît ? **2.** J'aimerais que tu regardes un peu moins la télévision. **3.** Elle a plusieurs bons disques. **4.** Je préférerais avoir un peu moins d'argent et un peu plus de vrais amis. **5.** Il y avait un peu plus de spectateurs que la veille. **6.** Ils ont passé quelques jours à ne rien faire. **7.** Il y a quelques semaines, nous avons vu un film fantastique sur les États-Unis. **8.** Il y avait plusieurs personnes qui regardaient le match à la télévision. **9.** Ce serait un bon roi s'il avait un peu de courage. **10.** S'il y avait un peu moins de bruit, je pourrais vous entendre !

14. Complétez avec *some, any* ou *no.*

1. Would you lend me . . . records for my party, please? **2.** They had told him there were many ghosts in the castle but he didn't see . . . . **3.** I had . . . tools so I couldn't repair my car myself. **4.** Sorry, I haven't got . . . money left. **5.** Would you like . . . more sugar in your tea? **6.** Were there . . .

fingerprints on the glass? **7.** I'd like pink tennis shoes to match my shorts. Have you got . . . ? **8.** He shouted so much at the pop concert yesterday that he's got . . . voice today. **9.** What a pity she never brings . . . souvenirs back from her trips abroad! **10.** He grew wonderful roses in his garden and often offered me . . . .

*15. Traduisez.

1. Il n'avait pas d'amis et pouvait passer plusieurs semaines sans sortir. **2.** Tu ne peux pas nager là ; il n'y a presque pas d'eau. **3.** Tu peux prendre n'importe quelle route. Elles vont toutes à Bexley. **4.** Il ne reste plus de pain. Achètes-en pour ce soir, s'il te plaît. **5.** Ils avaient plusieurs photos de leurs vacances, mais ils ne m'en ont donné aucune. **6.** Il n'y avait presque pas de voitures dans la rue. **7.** As-tu de la laine bleue pour finir mon pull ? **8.** Et si on achetait des gâteaux pour ce soir ? **9.** — Avez-vous des cigarettes américaines ? — Désolé, je n'en ai pas. **10.** Je n'ai pas vu de taxis lorsque j'étais à Londres. Ils étaient en grève.

6. LA TOTALITÉ

ENSEMBLE D'UN SEUL ÉLÉMENT	***whole***	tout(e) entier(s), entière(s)	*The whole town* *A whole day* *Whole villages*	DÉNOMBRABLE
	all	tout(e)	*All my money*	INDÉNOMBRABLE
ENSEMBLE SUPÉRIEUR À DEUX	***all***	tous, toutes	*All the spectators*	DÉNOMBRABLE PLURIEL
	every	chaque (= tous semblables)	*Every boy has to wear a tie.*	DÉNOMBRABLE SINGULIER
	each	chacun (= chacun différent)	*Each boy had a different tie.*	DÉNOMBRABLE SINGULIER
ENSEMBLE DE DEUX	***both***	les deux à la fois	*Hold it with both hands.*	DÉNOMBRABLE PLURIEL
	either ***neither***	l'un ou l'autre aucun des deux	*On either side of the road.* *I can find neither earring.*	DÉNOMBRABLE SINGULIER

■ ***Both*** et ***all*** ont des emplois parallèles. Remarquez la place des pronoms :

Both her brothers came. *Both of them came.* *They both came.* *I saw them both.*	*All her friends came.* *All of them came.* *They all came.* *I saw them all.*

■ ***Both*** et ***(n)either*** se trouvent dans les structures coordonnées par *or* et *and,*

avec deux G.N. :	avec deux adjectifs :
Both Tina and Bill are here. (tous les deux)	*She's both rich and pretty.* (à la fois)
It's either cheese or a sweet. (soit... soit...)	*He's neither rich nor clever.* (ni... ni...)

■ ***On the whole*** est aussi une expression signifiant « en gros, dans l'ensemble » : *It isn't so bad, on the whole.*

16. Faites le bon choix.

1. ... the guests had gone away.
a. all b. neither c. every d. the whole
2. ... village was at the circus.
a. all b. both c. the whole d. either of
3. I like ... them.
a. all b. neither of c. either d. both
4. She gave me ... books.
a. all b. every c. each d. both
5. ... my friends agreed to help me.
a. every b. all of c. the whole of d. neither
6. The dog was ... wet and excited after running in the rain.
a. neither b. either c. both d. whole
7. He asked ... pupil to do a different exercise.
a. each b. both c. the whole d. either
8. I can't choose between Robert and Paul. I like them ...
a. all b. either c. neither d. both
9. He doesn't like ... them.
a. either of b. neither of c. all d. the whole
10. ... my father and mother live abroad.
a. every b. each c. either d. both

17. Remplacez chaque élément en italiques par un pronom personnel et modifiez le quantificateur en conséquence.

1. You should paint both *the kitchen and the lounge.* **2.** The whole *bottle* had been drunk. **3.** He refuses to speak to either *my brother or me.* **4.** Neither *car* pleases me. **5.** Each *pupil* brought his textbook. **6.** All *the soldiers* were ready. **7.** I'd like to go out with either *Tom or Fred.* **8.** Neither *my brother nor my sister* wants to go to university. **9.** He has read all *the books.* **10.** They've sold both *cars.*

*18. Traduisez.

1. Tous mes cousins sont ici. **2.** Aucun des deux enfants ne sait où est ma pipe. **3.** Dans l'ensemble, tu es d'accord avec moi, n'est-ce pas ? **4.** Toute l'école regardait le match de cricket. **5.** Est-ce que tu les as tous vus ? **6.** Soit on va au restaurant, soit on va au cinéma, mais on ne peut pas aller aux deux. **7.** Elle est à la fois intelligente et belle. **8.** Chaque maison avait une couleur différente. **9.** J'expliquerai à chacun d'entre vous. **10.** Tous les chemins mènent à Rome.

7. QUANTITÉ PRÉCISE

■ **Les numéraux** - Les terminaisons sont :

— *teen* de 13 à 19 : (13) *thirteen,* (14) *fourteen ;*

— *ty* pour les dizaines : (30) *thirty,* (40) *forty.*

■ **Les décennies :**

— les années 20 (une époque) : *the (early/mid/late) twenties, the 20's.*

— la quarantaine (un âge) : *She's in her forties.*

■ **Les noms :** *dozen, hundred, thousand, million, billion :*

Singulier ou pluriel, s'ils ne sont pas suivis d'un nom : *There is a dozen.* *There are dozens.*	Toujours singulier (chiffre précis), s'ils sont suivis d'un nom : *One hundred years.* *Two hundred years.*	Toujours pluriel (chiffre imprécis), s'ils sont suivis de *of :* *Thousands of people.*

■ Les nombres comprenant une virgule en français :
3,5 → en anglais : 3.5 *(three point five).*

■ **Les dates, les numéros, les nombres :**

1954 : nineteen fifty-four.
Bus 203 : Bus two - 0 - three.

2 960 bottles : two thousand nine hundred and sixty (1).
300 000 : three hundred thousand (2).

Hundred est suivi de *and* (1) sauf quand il est multiplicateur (2).

8. LES QUANTIFICATEURS EMPLOYÉS SEULS

■ Parce que le G.N. est sous-entendu (sauf avec *no, every, each, whole*) :
Where are the nails? I need a few. (= a few nails)
He earns very little. (= very little money)

■ Parce qu'ils se réfèrent à un verbe, et non à un nom (sauf avec *some, any, no, none, all*) :
He works a little. – You sleep too much. – You don't work with me enough.

■ Tous les quantificateurs sauf *no* peuvent être suivis de *of* :
Some of us, several of my friends, all of you.

*19. Traduisez en écrivant les chiffres en toutes lettres.

1. Au début des années 70, lorsque la guerre du Viêt-nam prit fin, des centaines de milliers de soldats rentrèrent chez eux. **2.** George Orwell a écrit son roman 1984 en 1948. **3.** Il approche de la soixantaine alors que sa femme a à peine trente et quelques années. **4.** En un peu plus de deux cents ans, la population des États-Unis est passée *(has risen)* de quelques dizaines de milliers d'habitants à plus de deux cent cinquante millions d'Américains. **5.** Le monde a plus changé en 40 ans (entre le début des années 50 et la fin des années 80) qu'en quatre siècles (de 1550 à 1950). **6.** Quelle chance ! Il a gagné 12 345 678 francs au loto ce qui correspond à environ à 1 763 668 dollars ou à 1 097 393 livres !

III. LES PRONOMS

1. LES PRONOMS PERSONNELS

Sujets : *I, you, he/she/it, we, you, they.*
Compléments : *me, you, him/her/it, us, you, them.*

■ À la 3e personne du singulier, on emploie :

— *he/him* (masculin) }
— *she/her* (féminin) } pour les personnes et animaux familiers.

— *it :* pour les choses, animaux et bébés inconnus.

■ Le pronom complément est toujours placé après le verbe :
Talk to him! (Parle-lui !) – *I saw him.* (Je l'ai vu.)

2. LES PRONOMS EN « *-SELF* »

Singulier : *myself, yourself, himself/herself/itself.*
Pluriel : *ourselves, yourselves, themselves.*

■ 3 emplois

- Réfléchi : le sujet « agit » sur lui-même (je me... tu te...).
  I'll make myself an omelette.
- Emphatique : on insiste sur la personne (lui-même, en personne).
  Did you build this garage yourself?
- Avec ***by*** (= seul, sans personne) : *He spent all the summer by himself.*

■ On n'utilise pas de pronom en *-self* avec certains verbes :

ACTIONS COURANTES (sens réfléchi)	**VERBE + C.O.D.**	**VERBES TOUJOURS PRONOMINAUX** (pas de sens réfléchi)
Il se lave. *He's washing.*	Il se lave les cheveux. *He's washing his hair.*	Il s'enfuit. *He ran away.*
wash, shave, dress, bathe, stand up, sit/lie down...	*wash, break, brush, hurt, cut...*	*run away, apologize, collapse, remember...*

3. LES PRONOMS RÉCIPROQUES

■ ***Each other*** ou ***one another*** sont utilisés indifféremment :
They used to hate each other/one another. (Ils se détestaient.)

- Ces pronoms sont placés après le verbe, et il ne faut pas séparer *each* de *other* ou *one* de *another.*
  They admired each other. (Ils avaient de l'admiration l'un pour l'autre.)
- On peut les employer au génitif :
  They often borrowed each other's racket. (Ils s'empruntaient leurs raquettes.)

■ **Pas de pronom réciproque** avec les verbes *kiss, quarrel, meet, marry, fight.*
They kissed passionately. (Ils se sont embrassés...)

20. Complétez ce monologue à l'aide de *your, you're, its, it's, their* et *they're.*

What! (**1**) . . . still playing (**2**) . . . records! (**3**) . . . high time you got on with (**4**) . . . work. Have you forgotten (**5**) . . . homework for tomorrow? (**6**) . . . never in the mood for working. Why don't you follow (**7**) . . . sisters' example? They've been in (**8**) . . . bedrooms for two hours; (**9**) . . . busy learning (**10**) . . . lessons. And what a mess! Look at (**11**) . . . bag, (**12**) . . . handle is broken; (**13**) . . . English book is dog-eared and (**14**) . . . cover is torn! You'd better tidy this room or I'm going to stop (**15**) . . . pocket-money!

21. Complétez en utilisant un pronom en *-self* si nécessaire.

1. She burnt . . . when she was cooking. **2.** Did you and Bernard redecorate the house . . .? **3.** Ann can eat by . . . now. **4.** The butcher cut . . . while he was cutting Mrs Powell's meat. **5.** This tramp looks dirty. He certainly never washes . . . **6.** Ann and Elsa fell off the table and hurt . . . **7.** I dropped the coffee-pot on the carpet and splashed . . . with coffee. **8.** — I'm going to help Sue with her math exercise. — Can't she do it . . .? **9.** Don't touch the saucepan, it's hot, you're going to burn . . .! **10.** — Did anyone help you with your homework? — Certainly not, I did it . . .!

*22. Traduisez. Utilisez un pronom en *-self* quand c'est nécessaire.

1. Regarde le bébé ! Il s'habille tout seul ! **2.** Il ne s'est pas excusé. **3.** Regarde-toi ! Va te laver tout de suite ! **4.** Ne vous sauvez pas ! Vous allez tomber et vous faire mal ! **5.** Je ne suis plus moi-même en ce moment. **6.** Il s'est donné deux jours pour y réfléchir *(think over).* **7.** Tu as vu cette chaise ? Je l'ai faite tout seul ! **8.** Il était assis tout seul dans un coin de la pièce. **9.** Le professeur Flaversham en personne était présent à la réunion. **10.** Il se leva soudain, se dirigea vers la porte et se précipita vers un homme qui s'enfuyait.

***23.** **Réfléchi ou réciproque ? Traduisez ces phrases.**
1. Il se regardait souvent et se trouvait très beau. **2.** Les deux cousins se parlaient beaucoup et se disputaient parfois. **3.** Ils se regardèrent, coururent l'un vers l'autre et s'embrassèrent tendrement. **4.** Mon frère et moi aimons nous emprunter nos voitures. **5.** Aimez-vous les uns les autres. **6.** Ils se connaissaient depuis très longtemps. **7.** Ils devraient se parler plus souvent. **8.** Il se prend trop au sérieux. **9.** Ils n'arrivent pas à se comprendre. **10.** Parfois, je ne me comprends plus.

4. LES PRONOMS POSSESSIFS

mine, yours, his/hers, ours, yours, theirs.

■ Un pronom possessif remplace un adjectif possessif + un nom.
This is not my coat, mine is brown. (le mien)

■ Les pronoms possessifs s'emploient dans l'expression : un de mes...
She's a friend of mine. (une de mes amies)
It's an idea of yours. (une de tes idées)

5. LES PRONOMS DÉMONSTRATIFS

■ Ils ont les mêmes emplois que les déterminants démonstratifs (voir I. 2.)

This (singulier) ***These*** (pluriel)	***That*** (singulier)/***Those*** (pluriel)	
élément proche	élément éloigné	valeur affective
What about this?	*I said that long ago.*	*That's nice!*
These are mine.	*Those, over there.*	*Not those!*

■ Pour désigner alternativement, on utilise d'abord *this/these,* puis *that/those.*
These are my socks, those are my husband's.

■ ***This*** et ***that*** peuvent renvoyer à des phrases : *that* renvoie à ce qui précède, *this* à ce qui suit.
He said I was jealous; that was not true.
I won't repeat this: stop shouting!

6. LES PRONOMS INDÉFINIS COMPOSÉS

Mêmes emplois que *some, any, no* et *every* (voir II. 4.).
Leur emploi dépend de la forme de la phrase : affirmative [+], négative [-] ou interrogative [?].

	PHRASE	*-body/-one*	*-thing*	*-where*
Some	[+] [?]	*Someone/-body* quelqu'un	*Something* quelque chose	*Somewhere* quelque part
Any	[?] [-] [-] [+] [?]	*Anybody/-one* quelqu'un personne n'importe qui	*Anything* quelque chose rien n'importe quoi	*Anywhere* quelque part nulle part n'importe où
No	[-]	*No one/-body* personne	*Nothing* rien	*Nowhere* nulle part
Every	[-] [+] [?]	*Everyone/-body* tout le monde	*Everything* tout	*Everywhere* partout

Did anyone call? (= quelqu'un) – *Anyone can do that.* (= n'importe qui)
Attention : *I didn't see anyone* a le même sens que *I saw no one.* (= personne)

■ Avec les formes en *-body* et *-one*, l'accord du verbe se fait au singulier, mais l'accord des pronoms personnels et adjectifs possessifs se fait au pluriel.
Nobody was there, were they?
Has everybody got their tickets?

■ Pronom indéfini + adjectif :
Nothing new. (Rien de nouveau.) – *Anything else?* (Quelque chose d'autre ?)
Après ces pronoms, « autre » se traduit toujours par *else*, jamais par *other.*

24. Complétez en utilisant le pronom possessif qui convient.

1. — Whose pen is it? David, is it . . . ? — No, it isn't . . ., it must be Jenny's. **2.** Daniel and Laura each have a bike, . . . is green and . . . is red. **3.** Steve, I don't have an eraser. Can I borrow . . . ? **4.** Your tyre's flat, you need a pump. Ask Steven to lend you . . . or ask the McNeills to lend you . . . . **5.** Our V.C.R. (video-cassette-recorder) doesn't work. Let's ask the Johnsons to lend us . . . . **6.** — Look at this girl. Is she a friend of . . . ? — No, I've never seen her. **7.** Alan and Mary took their children, we took . . . . **8.** It looks like my sister's umbrella, it must be . . . . **9.** Rackets can't be hired. Everyone must have . . . .

*25. Traduisez.

1. Écoutez bien ceci : vous ne devez pas aller dans la jungle seuls. **2.** Il ne se prenait jamais au sérieux ; c'est ce que j'aimais chez lui. **3.** Une voiture à ton âge ! J'aimerais bien voir ça ! **4.** Ceci est un ultimatum : rendez-vous *(surrender) !* **5.** Elle est en retard. Je n'aime pas du tout cela... **6.** C'était en 1913, j'avais 12 ans. **7.** Ce n'était pas très gentil de sa part ! **8.** Ce ne sont pas mes chaussettes ! Les miennes sont pleines de trous ! **9.** Voici mes enfants et voilà ceux de mon frère. **10.** Voici Rome, la ville éternelle. Au loin *(in the distance),* ce sont les sept fameuses collines.

26. Complétez à l'aide des composés de *some, any, no* ou *every.*

1. There was a bomb attack. But . . . saw the terrorist. **2.** Jenny is new. She doesn't know . . . in the neighbourhood. **3.** — Did you buy . . . interesting in Hong-Kong? — Oh! Yes! I bought . . . very interesting: a gold watch. **4.** . . . had told them that . . . else would they see so many wild animals. **5.** A chatter-box is . . . who talks all the time. **6.** . . . like that has ever happened before. **7.** The teacher asked several questions. She kept repeating: "Can . . . answer?" But . . . could. **8.** I'm fed up with you! Why don't you go . . . else and ask . . . else to play with you? **9.** — Do you need . . .? — No, thank you, I think I've got . . . I wanted. **10.** — Have you seen my slippers? — Have you looked . . .? — I've told you, I can't find them . . . . **11.** — What would you like for Christmas? — . . . you want to give me. **12.** . . . in the village knew who the murderer was, but they liked him so much that . . . said . . . to the police.

*27. Traduisez en utilisant des pronoms indéfinis composés.

1. Personne ne peut me dire où est la banque. **2.** Est-ce que tu as tout ce dont tu as besoin ? **3.** Je ne sais pas... Ça doit être quelque part dans la maison. **4.** J'ai vu quelqu'un que tu connais bien la semaine dernière. **5.** Il y a quelque chose de bizarre dans cette histoire. **6.** Tu peux inviter qui tu veux. **7.** — Est-ce que tu as bien cherché partout ? — Bien sûr, mais je ne l'ai trouvé nulle part. **8.** Je n'ai rien d'autre à dire... **9.** — Est-ce que quelqu'un veut jouer au golf avec moi ? — Non, tout le monde est occupé. **10.** Est-ce qu'elle t'a acheté quelque chose en Grèce ?

IV. « *ONE* », NUMÉRAL ET PRONOM

■ ***One*, numéral,** est toujours employé seul, sans déterminant.
Are there any clean glasses? There is only one. (= one clean glass)

■ ***One/ones*, pronom,** remplace le nom seul ; il est toujours précédé d'un déterminant.
I've got 3 pens: a red one (= pen) and 2 blue ones (= pens).

■ Avec certains déterminants ou quantificateurs *one* sera précédé d'un...

... adjectif obligatoire	**... adjectif facultatif**
a new one *my old one* *ø/3, some cheap ones* Ex: *I want a cheap one.* *I want cheap ones.*	*the (blue) one* *that/this (big) one* *which (black) one?* Ex: *I prefer the blue one, the one with studs.*

■ Pas de pronom *one/ones* dans les cas suivants :
I prefer these. – I'll take my case, you take Tina's. (celle de Tina)

■ Quand remplacer le complément par *one/ones ?*

		remplacer le G.N.	**remplacer le nom seul**
G.N. INDÉFINI	SINGULIER	*A clean glass?* → *I've got one.*	*A good record?* → *I've got a good one.*
	PLURIEL	*French cigarettes?* → *I've got some.*	*Glasses?* → *I've got clean ones.*
G.N. DÉFINI	SINGULIER	*The paper?* → *I've bought it.*	*My new racket?* → *Take my old one.*
	PLURIEL	*Your glasses?* → *I've seen them.*	*Frank's new boots?* → *His blue ones?*
		one, it/some, them	toujours ***one/ones***

■ ***One*, pronom indéfini** (= les gens en général, on), peut être sujet *(a)* ou complément (très formel) *(b)*.
(a) One needs encouragements. *(b) This can happen to one.*

Diverses traductions du pronom français « on »

- ***One :*** généralisations, proverbes : *One should mind one's own business.*
- ***You :*** forme familière et courante de *one* : *You never know.* (On ne sait jamais.)
- ***They*** si le locuteur ne fait pas partie du groupe dont il parle, ***We*** s'il en fait partie.
  We had fun last night.
  In England they drive on the left. In France, we drive on the right.
- ***People :*** la rumeur publique : *People say she's pregnant.* (il paraît, on dit)
- ***Someone(-body),*** quand « on » = « quelqu'un » : *Somebody phoned you.*
- **Passif,** fréquent pour traduire « on » : agent inconnu *(a)* ou sans importance *(b)* :
  (a) My flat has been broken into. (On a cambriolé...)
  (b) Tickets can be bought in advance. (On peut...)

28. Complétez avec *one, ones, it* ou *them* selon le cas.

1. — I'm looking for nice trousers. — We've got very fashionable ... from Italy. Would you like to see ...? **2.** — Have you got a good dictionary? — Not yet, but I'm going to buy .... **3.** We've got to buy a new car. Let's go and see the ... that are on display at Crockett's. They generally sell ... at a discount price. **4.** — Have you seen my new V.C.R.? — The ... you bought at Starkey's? — Yes. — I'd love to see .... What a pity I can't buy ... myself. **5.** — Look at Jennifer's new bike! — Which ... is it? — The red ..., near the garden gate.

*29. Traduisez.

— Bonjour, puis-je vous aider ?
— Oui, je voudrais une très belle montre pour ma femme.
— Oh, nous en avons de très jolies. Celle-ci par exemple, vient de Suisse. Celle-là a été fabriquée à Taiwan. Celle-ci...
— Puis-je voir vos montres en or ?
— Certainement ! Voici les plus belles — et les plus chères — que nous ayions. Laquelle préférez-vous ?
— Celle du milieu. C'est la plus élégante que j'ai jamais vue.
— Je suis sûr que si vous l'achetez, vous ne le regretterez jamais !
— Très bien, je la prends.

*30. Traduisez (équivalents anglais de « on »).

1. On doit toujours faire de son mieux. **2.** On m'a dit que votre voisine est à l'hôpital. **3.** On a élargi *(to widen)* la route. **4.** On a crié « au secours », j'en suis sûre. **5.** On dit que la Reine va bientôt abdiquer *(to abdicate)*. **6.** On est allé au théâtre la semaine dernière. On a vu une pièce très drôle. **7.** On a enfin arrêté Big Sam. **8.** On m'a dit qu'en Inde on met des tas d'épices *(spices)* dans la nourriture. **9.** On ne doit pas penser qu'à soi. **10.** On a frappé. Va ouvrir la porte.

V. LE GÉNITIF

■ Le génitif exprime le plus souvent un rapport de possession ou de parenté : *John's bike* (le vélo de John) – *Mr Brown's son* (le fils de M. Brown).
On se limitera à deux génitifs successifs :
My brother's girlfriend's address is in the phone book.

■ **Formation du génitif**

MARQUE DU GÉNITIF	FORMATION	EXEMPLES
's ou *'*	nom singulier + ***'s*** nom pluriel + ***'*** nom pluriel irrégulier + ***'s***	*my sister's room* *my parents' car* *the children's room*

■ Noms de **personnes,** d'**animaux,** noms représentant des **groupes humains** (ville, pays, école, club, journal...) : *the dog's plate – the government's policy – London's biggest park – Newsweek's cover story.*

■ Expressions de **durée, distance** ou **date :**
a four hours' play – a thirty miles' race – yesterday's paper. Pour la durée et la distance, il est courant de dire : *a four-hour play* et *a thirty-mile race.*

■ **Expressions stéréotypées :** *for Christ's sake* (pour l'amour de Dieu) – *at a stone's throw* (à 2 pas) – *the water's edge* (le bord de l'eau) – *to be at one's wits' end* (ne plus savoir que faire), etc.

■ **Génitif elliptique :** le nom qui suit le génitif peut être supprimé :

— ellipse obligatoire pour éviter une répétition : *It isn't my mother's writing, it's my sister's (writing);*

— ellipse habituelle avec *church, shop, school, house, hospital, office : Go to the baker's (shop).*

■ **Génitif générique :** indique une catégorie d'objets ou de personnes.

Génitif générique	... non générique
This is a policeman's helmet. (un casque de policier) = **Catégorie d'objets** (ou : *a fireman's helmet*)	*Don't touch the policeman's helmet.* (le casque du policier) = **Un objet en particulier** (ou : *that helmet, his helmet*)

Autres exemples de génitif générique : *a butcher's knife, a policeman's uniform, a doctor's secretary,* etc.

■ **Pas de génitif** (on utilise un complément en *of*) quand :

— il s'agit d'inanimés : *the leg of the table;*

— le G.N. est trop long : *the body of that old poacher;*

— le nom est suivi d'une relative ou d'une préposition : *the face of the man who was sitting next to you... the face of the man in the shop...*

*31. Utilisez un génitif quand c'est possible (sinon, un complément en *of*) au lieu du déterminant en italique.

Ex: I don't like *its* climate/London.
→ I don't like London's climate.

1. Come and see *her* kittens/our cat. **2.** I don't like *their* foreign policy/the government. **3.** Can you tell me *its* price?/the Persian rug. **4.** *Its* budget has been raised/the school. **5.** They checked *their* passports/everyone. **6.** He was listening to *their* applause/the crowd. **7.** They're taking the census of *their* population/the country. **8.** *Her* children are at high school/my mother's friend. **9.** I've forgotten *its* title/the book I read last week. **10.** This is *her* husband/the girl on your left.

*32. Donnez la traduction des objets suivants en utilisant un génitif générique.

une casquette de marin — un casque de policier anglais — une lampe d'architecte — une lampe de mineur — une casquette de facteur anglais — une casquette de jockey — une perruque de juge anglais — des ciseaux de tailleur — une toque de chef cuisinier — une casquette d'écolier anglais.

*33. Traduisez.

1. Où est le journal d'aujourd'hui ? Il doit bien être quelque part ! **2.** Beaucoup de gens ne sont pas d'accord avec la politique intérieure du gouvernement. **3.** Quel fut le rôle de la Grande-Bretagne au Moyen-Orient ? **4.** Dans les années 70, beaucoup d'étudiants étaient opposés à la politique étrangère du gouvernement américain au Viêt-nam. **5.** Les parents du petit Marc se font du souci car leur enfant est à l'hôpital. **6.** Le nouveau petit ami de ma sœur est très gentil. **7.** Je crois que la traversée dure deux heures. **8.** — Qu'as-tu fait pendant tout ce temps-là ? — Je suis allé chez le boucher, le boulanger, l'épicier, le poissonnier, le pharmacien et le coiffeur ! **9.** — Es-tu allé au bureau de tabac ? — Oh ! J'ai oublié. **10.** La chambre des enfants a été repeinte l'été dernier. **11.** Le véritable nom de Marilyn Monroe était Norma Jean. **12.** Le surnom de la ville de New Orleans est « The Big Easy ». **13.** — Où avez-vous passé vos vacances ? — Chez mes parents. **14.** Il a couru un marathon de 18 miles. **15.** — Est-ce ton cartable ? — Non, le mien est dans ma chambre. Ça doit être celui de Jane. **16.** Charles et Diana se marièrent dans la cathédrale St Paul. **17.** Nous avons marché jusqu'au bord de l'eau. **18.** Pour l'amour de Dieu, arrête de faire tant de bruit ! **19.** Robert était si désespéré qu'il ne savait plus à quel saint se vouer. **20.** Mon frère habite à deux pas d'ici.

VI. LES MOTS COMPOSÉS

1. LES NOMS COMPOSÉS

■ Un nom composé est formé le plus souvent de 2 éléments (parfois davantage : *a hot water bottle*) séparés par un tiret *(a call-box)*, par un intervalle *(a phone number)* ou bien réunis en un seul mot *(a raincoat)*. (L'orthographe est très libre.)

Le 2e élément est le nom principal ; le 1er élément sert à apporter une précision : *What brush? A toothbrush? A hairbrush?*

■ **Règles**

- 1er élément toujours au singulier : *a letter-box* (une boîte à lettres). Exception : *a sports car.*
- Marque du pluriel sur le 2e élément : *a doorknob, two doorknobs.* Exceptions : *passers-by, lookers-on* (2e élément invariable).
- Deux marques du pluriel quand le 1er élément est *man, woman, child : men-servants, women artists.*
- On accentue le 1er élément : *a book case.*

■ Ces noms composés doivent désigner une catégorie de choses ou de personnes.

NOM ①	**+ NOM ②**	**NOM COMPOSÉ**	
Apporte une précision	Nom principal	SINGULIER	PLURIEL
indique à quoi ② sert		*the bread-knife,*	*paper-scissors*
comment ② fonctionne		*an oil-stove,*	*steam-engines*
de quoi ② fait partie		*the doorknob,*	*two lampshades*
précise le sexe de ②		*my girlfriend,*	*men servants*
précise la matière de ②		*a gold watch,*	*six silver spoons*
indique le métier ou l'occupation de ②	*man, woman, girl, boy*	*the flower-girl,*	*two ambulance men*
	désigne le contenant de ①	*a wine-glass,*	*two shoe-boxes*

ADJECTIF + NOM	*a blackboard, grandchildren*

NOM + FORME VERBALE	La forme verbale désigne...
Nom + B.V.-*er*	la personne ou l'instrument qui fait l'action : *a tin opener, taxi drivers*
Nom + B.V.-*ing*	une profession ou une activité : *window cleaning, sightseeing*
B.V.-*ing* + Nom	l'usage d'un objet ou d'un lieu : *a driving-licence, changing-rooms*
B.V. + Nom Nom + B.V. Nom + B.V.	*a scarecrow, pickpockets* (V. + C.O.D.) *a haircut, handshakes* (C.O.D. + V.) *a sunset, earthquakes* (Suj. + V.)

■ **Pas de nom composé**

— s'il ne s'agit pas d'une catégorie existante, reconnue de tous :
a shoe-box (nom composé : une boîte à chaussures),
a box of photos (complément en *of :* une boîte quelconque dans laquelle on a mis des photos) ;

— pour désigner le contenu d'un récipient :
a glass of wine désigne le contenu (un verre de vin),
a wine-glass désigne le contenant (un verre à vin = catégorie d'objets).

■ Forme fréquente de nom composé (ne désignant pas une catégorie) : Nom ① (lieu ou moment) + Nom ② : *the kitchen floor* (le sol de la cuisine) – *the village doctor* (le docteur du village) – *the back door key* (la clé de la porte de derrière).

34. **Donnez les noms composés correspondant à ces définitions.**
1. A machine which washes the dishes. **2.** A trap with which you can catch mice. **3.** A man who hates women. **4.** Time to go to bed. **5.** Someone who goes to church regularly. **6.** A shop where you can find records. **7.** A chain which is made of silver. **8.** Classes that take place in the evening. **9.** Rooms in which you play billiards. **10.** Ministers who are women.

***35.** **Traduisez. Les mots en italiques correspondent en anglais à des noms composés. Vous devez pouvoir les trouver sans dictionnaire.**
1. La jeune *vendeuse de fleurs* était très jolie. **2.** Il posa sur la *table de la cuisine* tout ce dont il avait besoin : le *sucrier,* le *pot de confiture,* le *beurrier,* le *couteau à beurre,* la *théière,* une *tasse à thé,* une *cuillère à thé* et le *journal du dimanche.* **3.** Sa *brosse à cheveux* se trouvait près d'une petite *boîte en matière plastique,* au-dessous du *miroir de la salle de bain.* **4.** — Où se trouve la *station de métro,* s'il vous plaît ? — Vous voyez l'*immeuble en verre ?* — Oui. — L'*entrée de la station de métro* « Glenmore » se trouve

juste après, entre la *boutique de jouets* et le *vendeur de journaux.* **5.** Leur *histoire d'amour* s'est terminée pendant les *vacances d'été,* dans un *pub londonien.* **6.** — Tu n'as pas vu mes *clubs de golf,* mon *gant en cuir rouge* et ma *casquette de base-ball ?* — Si, ils sont près de la *porte du salon,* derrière la *table de télé.* **7.** En *temps de paix,* il devint *pilote de jet* et épousa une célèbre *pilote de voitures de course,* Pamela Smith, la fille d'un *fabricant d'instruments de musique* et d'une *pianiste.* **8.** Sir Cedric vivait dans un vieux *château en pierre* au *sommet d'une colline.* La petite *route de campagne* qui y menait *(=* to lead) s'arrêtait aux *grilles d'entrée.* **9.** Après l'*attaque de la banque,* il fut arrêté par une *patrouille de police de Manchester.* **10.** Il acheta plusieurs *chevaux de course* et s'installa *(=* to settle) dans une vieille *ferme du Devonshire.*

36. Mettez ces mots au pluriel.

1. A milk-shake. **2.** A shopping centre. **3.** A man-servant. **4.** A language laboratory. **5.** A traffic jam. **6.** A rose-bush. **7.** A woman artist. **8.** A passer-by. **9.** A by-election *(élection partielle).* **10.** A grown-up.

2. LES ADJECTIFS COMPOSÉS

Le 2e élément est le mot principal : *What blue? Dark-blue? Light-blue? Sky-blue?*	
nom adjectif préfixe } + ADJECTIF	*lifelong, bottle-green* *dark-blue, icy-cold* *over-confident, self-confident*
nom adj./adv. } + PARTICIPE PRÉSENT	*fun-loving, law-abiding* *dull-looking, never-ending*
nom adj./adv. préfixe } + PARTICIPE PASSÉ	*fur-lined, handmade* *ready-made, ill-bred* *oversized, self-assured, self-taught*
nom adjectif } + NOM + ***-ed***	*heart-shaped, sand-coloured* *three-legged, blue-eyed*

- Un nom figurant dans un adjectif composé est toujours au singulier.
- En ajoutant ***-ed,*** respecter les règles d'orthographe :
  — noms terminés par consonne + voyelle accentuée + consonne : *leg* → *leg**g**ed*
  — noms terminés par consonne + ***y*** : *belly* → *bell**i**ed.*

- Le 2e élément (s'il s'agit d'un nom + *-ed*) doit représenter une partie du corps, un trait de caractère ou une partie d'un objet : *a fair-haired girl, a good-humoured boy, a three-legged table.*

37. Complétez à l'aide d'adjectifs composés. Pour les fabriquer, aidez-vous des éléments en italiques.

1. A girl that writes with her *right hand* is .... **2.** Someone that *abides by* (= *respects)* the *law* is .... **3.** A cake that is *made* at *home* is .... **4.** A coat that is *grey* like a *mouse* is .... **5.** A man that has *dark hair* is .... **6.** A story that *breaks* your *heart* is .... **7.** A face that is *red* like a *brick* is .... **8.** Someone that *looks sad* is .... **9.** A story that *never ends* is .... **10.** A bag that is the *shape* of a *banana* is ....

38. Fabriquez 10 adjectifs composés en associant les éléments (donnés dans le désordre) des deux colonnes. Il sera parfois nécessaire de modifier certains éléments de la deuxième colonne (BV → BV-*ing*, N → N-*ed*, etc.).

heart	look
long	dry
nice	hot
golden	leg
sky	break
hand	blood
short	brown
cold	blue
sun	sight
red	make

VII. LA COMPARAISON

Une comparaison peut porter sur un verbe (il fume moins), sur un nom (il y a plus de gens), ou sur un adjectif ou un adverbe (il est plus beau – il va aussi vite).
Le comparatif sert à comparer 2 éléments.
Le superlatif compare l'élément à tous les autres de l'ensemble.

1. COMPARATIFS

		more... than ***-er... than*** supériorité (plus... que)	***(not) as... as*** (in)égalité ((pas) aussi/autant... que)	***less... than*** ***fewer... than*** infériorité (moins... que)
VERBE		*I eat more than before.*	*He works as much as I do.* *He works as little as he can.*	*He smokes less than he used to.*
NOM	INDÉNOMBRABLE	*He drinks more whisky than he should.*	+ ***much/many*** (autant) + ***little/few*** (aussi peu) *She makes as much/as little money as Jim.*	*There was less wind yesterday.*
NOM	DÉNOMBRABLE	*There are more women working these days.*	*She sees as many (as few) people as she can.*	*There were fewer boys in class today.*
ADJ. OU ADV.	COURT	*He runs faster.* *He's older than I thought.*	*He is as brave as a lion.*	*He is less jealous of his brother than he used to be.*
ADJ. OU ADV.	LONG	*It's more comfortable over here.*	*He is not as (so) stupid as that.*	

2. SUPERLATIFS

		the most/the -est supériorité (le plus)	**the least** infériorité (le moins)
ADJ. ou ADV.	COURT	*It's the shortest way I know.*	*This book is the least interesting of all.*
	LONG	*It's the most expensive in town.*	

3. RÈGLES

■ **Adjectifs et adverbes « courts »**
— 1 syllabe : *big, fast...*
sauf adjectifs terminés par un suffixe (ex. : *tired*).
— 2 syllabes et terminés par *-y (pretty), -le (simple), -er (clever), -ow (narrow).*

■ **Adjectifs et adverbes « longs »**
— 2 syllabes : *often, careful...*
— 3 syllabes et plus : *precisely, expensive...*

■ **Modifications orthographiques :** pour un adjectif terminé par
— consonne + *y*, le *y* devient *i*. Ex. : *easy* → *easier,*
— consonne + voyelle accentuée + consonne, la consonne finale double. Ex. : *big* → *bigger.*

■ Ne pas employer le superlatif pour dire « le plus... des 2 » ; employer *the more* ou *the -er : John is the younger and the more intelligent of the two.*

■ L'infériorité (comparatif ou superlatif) est moins souvent utilisée. Les Anglais préfèrent une forme de supériorité ou d'inégalité quand c'est possible.
On dira :
My room is smaller than (not as large as) yours, plutôt que : *My room is less large than yours.*
The shortest way, plutôt que : *the least long way.*

■ Formes irrégulières :

ADJECTIF	COMPARATIF	SUPERLATIF
good, well	*better*	*best*
bad	*worse*	*worst*
far	*further*	*furthest*

Cas particulier : *old* → *elder/eldest,* uniquement dans les relations familiales et en épithète : *my elder brother.*

4. AUTRES STRUCTURES COMPARATIVES

■ De plus en plus, de moins en moins : *-er and -er, more and more, less and less, fewer and fewer.*
She's getting fatter and fatter. – I see him more and more often. – This serial is less and less interesting. – There are fewer and fewer elephants in Africa.

■ Plus... plus..., moins... moins... : *the -er... the -er..., the more... the more..., the less... the less..., the fewer... the fewer...* (Peuvent se combiner entre eux.)
The older you get, the wiser you are.
The harder she works, the less happy he is. (plus... moins...)

■ D'autant plus/moins... que... : *all the -er.../all the more.../all the less... + as, because* ou *since.*
She was all the happier as/because/since she had never travelled by plane before.

■ Le même... que... (égalité) : *the same... as...*
Elsa went to the same hotel as Fiona.

■ Autre... que... (inégalité) : *other... than...*
Can you recommend another hotel than the "Landry's Inn"?

39. Donnez le comparatif, puis le superlatif (de supériorité) de ces adjectifs.

1. healthy. **2.** miserable. **3.** obvious. **4.** happy. **5.** efficient. **6.** noble. **7.** wise. **8.** useful. **9.** safe. **10.** narrow. **11.** large. **12.** bad. **13.** ridiculous. **14.** short. **15.** wild. **16.** poor. **17.** simple. **18.** good. **19.** immature. **20.** famous.

40. Complétez en utilisant un comparatif de supériorité. Quand vous voyez plusieurs possibilités, indiquez-les.

1. Going to England is . . . than going to the U.S.A. **2.** Don't take the boat to go to London. Take the Hovercraft, it's . . . and . . . . **3.** I'd rather spend my holidays in Greece than in England, because it is . . . . **4.** — Where would you rather live? In the country or in a town? — In the country because it's . . . . **5.** — Will you go to Lyon by car? — No, I'd rather take the T.G.V.; it's . . . but it's . . . . **6.** — Where would you rather live? In France or abroad? — Abroad! It's . . . . **7.** — Which do you like better? Physical education or Maths? — I prefer Physical education because it's . . . . **8.** — Whom do you prefer? Liz Taylor or Marilyn Monroe? — I prefer Marilyn, she's . . . .

41. Comparez Mme Yale et Mme Leroy en utilisant le comparatif d'égalité ou d'inégalité.

	Mrs Yale	Mrs Leroy
Age	50	50
Height	5ft 6	5ft 8
Children	Ethan: 13	Steven: 12 Karen: 13 Peter: 14 Linda: 15
Salary	$700	$900
Languages spoken	English French Spanish	English French
House	7 rooms	7 rooms
Bathrooms	2	2
Pets	1 cat	3 cats
Cars	1	2

42. Donnez deux versions de ces phrases selon le modèle.

The new French teacher is less boring than the old one.
→ The new French teacher is more interesting than the old one.
→ The new French teacher is not as boring as the old one.

1. Sherlock Holmes is less stupid than his friend Watson. **2.** This leather bag is less expensive than I expected. **3.** Jane is less young than you think. **4.** Your coffee is less bad than mine. **5.** His wages are less high than I'd hoped. **6.** The house is less big than you said it was. **7.** My maths exercises are less easy than I expected. **8.** He was less stingy *(avare)* than I had thought. **9.** This interview was less long than I thought it would be. **10.** The bus stop is less near than I thought.

***43. Traduisez.**

1. — Où préfères-tu t'asseoir ? Dans un fauteuil ou sur une chaise ? — Dans le fauteuil, c'est plus confortable. **2.** Quand j'étais jeune, je courais plus vite et je sautais plus haut. **3.** Fais plus attention la prochaine fois. Conduis moins vite. **4.** — Comment te sens-tu aujourd'hui ? — Je me sens mieux qu'hier. **5.** Mon père fume moins qu'avant. **6.** La robe de Betsy est plus jolie et plus chère que celle de Shirley. **7.** Ils étaient très en retard. Ils ont couru aussi vite qu'ils ont pu. **8.** Elle se lève tous les jours plus tôt que son mari. **9.** Nager est plus fatigant que marcher. **10.** Notre voiture est plus sale que la vôtre.

44. Mettez au superlatif de supériorité les adjectifs entre parenthèses.

— What's the matter with you, Pam?
— Oh! I've just met a wonderful boy. To be quite honest about it I've had many boyfriends before. But Kevin is certainly (handsome) of all. He is by far the (mature), (tall), (smart), (strong), (bright), (amusing), (charming) man I've ever met. I was really impressed by him. Listen! He can speak four languages and he's also the (good) pianist I've ever heard.
— Oh! My God!
— I'm not kidding! He's the (cultivated), (talented) man I know. He is also very rich. He must be the (rich), the (successful) man I've ever come across. Just the kind of man I find very attractive.
— Sounds too good to be true!
— You said it! He is married and he loves his wife. He said she's the (pretty) girl in the world and he's the (lucky) and the (happy) man on earth.
— Hard luck!

***45. Complétez ces phrases en utilisant le superlatif de supériorité qui convient le mieux.**

1. The blue whale is the ... animal in the world. **2.** The ... living animal is the giraffe. **3.** The ... of all land animals over a short distance is the cheetah or hunting leopard with a probable maximum speed of 60 or 63 mph. **4.** The two ... rivers are the Amazon and the Nile. **5.** The ... hotel suite is the Royale Suite at the Hotel Nova Park Elysées in Paris, which rents for 35,000 francs per day. **6.** The ... major international fair was the Great Exhibition of 1851 in the Crystal Palace, Hyde Park, London. **7.** The ... airport is the Chicago International airport with a total of 671,724 movements and 42,873,953 passengers in 1983. **8.** The world's ... door is that leading to the laser target room at Lawrence Livermore National Laboratory, Calif. It weighs 360 tons. **9.** The ... pilot, Cody Lock, not yet 10, flew a Cessna solo in 1983. **10.** The ... airport is Lhasa airport in Tibet at 14,315 ft.

The Guinness Book of World Records (1985)

***46. Traduisez.**

1. Plus tu mangeras de cacahuètes, plus tu grossiras. **2.** Moins tu auras de responsabilités, plus ta vie sera simple. **3.** Plus il fume, moins il a faim. **4.** Plus loin tu iras, mieux ça sera. **5.** Plus on est de fous, plus on rit (proverbe). **6.** Plus ils avançaient le long de la rivière, plus ils trouvaient de l'or. **7.** Moins tu parleras, mieux ça vaudra. **8.** Plus il travaillait, plus il devenait riche, mais moins il avait le temps de vivre. **9.** Plus tu sortiras, plus tu te feras des amis. **10.** Plus tu boiras de Coca-Cola, plus tu auras soif.

*47. Traduisez.

1. La plupart des parents devraient être plus sévères avec leurs enfants. **2.** Le plus tôt sera le mieux. **3.** C'est plus vite dit que fait. **4.** Les vacances sans les parents sont plus agréables. **5.** Rien n'est pire que s'ennuyer. **6.** C'est d'autant plus surprenant que personne ne leur avait rien dit. **7.** Certains pays sont de plus en plus dangereux à visiter. **8.** Beaucoup de touristes américains ont de plus en plus peur des détournements, des terroristes et des bombes. **9.** Il était de plus en plus fatigué car il dormait de moins en moins. **10.** Depuis qu'il s'entraîne, il saute de plus en plus haut.

VIII. LES RELATIVES

Une subordonnée relative est introduite par un pronom relatif, et sert à donner des renseignements sur un nom de la proposition principale. Ce nom, placé juste avant le relatif est appelé l'antécédent :
The girl who lives next door is very pretty.

1. RELATIFS REMPLAÇANT DES G.N. (PERSONNES OU CHOSES)

■ Les pronoms relatifs sont : *who, which, whom, whose, that,* zéro.

■ Il existe un relatif zéro, qui n'apparaît pas dans la phrase, et qui est toujours complément :
The shoes I've just bought are too small.

■ **Le choix du relatif** dépend...

- de l'antécédent, personne ou chose :
  The man who... (l'homme qui...) – *The book which...* (le livre qui...)
- de la fonction du relatif dans la subordonnée :
  — sujet : *The girl who lives next door...*
  — complément du verbe : *The girl whom he married...*
- du type de relative :
  — relative déterminative : elle donne des renseignements indispensables pour identifier l'antécédent *(a)* ;
  — relative non déterminative : elle donne des renseignements complémentaires, non nécessaires – l'antécédent est déjà déterminé par ailleurs *(b)* ; une virgule sépare la relative de l'antécédent.
  (a) The girl who phoned this morning didn't come after all.
  (b) This is Greg, whom you've probably met.
  (b) My father, who is 56, is an inspector.

fonction		sujet	c.o.d.	complément avec préposition	complément de nom	
RELATIFS EN *WH-* : (RELATIVES DÉTERMINATIVES OU NON)		*who*	*whom*	*for whom* *whom... for*	*whose* *of whom*	personnes
		which	*which*	*for which* *which... for*	*whose* *of which*	choses
RELATIFS *THAT*/ZÉRO : (RELATIVES DÉTERMINATIVES SEULEMENT)		*that*	*that* zéro	*that... for* zéro... *for*		personnes ou choses

■ ***That*** ou le relatif **zéro** sont obligatoires

— après un superlatif : *It's the best (that) I have had.*

— après *first* et *last : The first car (that) we bought was a mini.*

— après *all, only, everything, anything : That's all (that) I know. – All is well that ends well.*

■ **Place de la préposition** avec un relatif :

— langage très formel : *I know the boy to whom you were speaking.*

— langage formel : *I know the boy whom you were speaking to.*

— langage courant : *I know the boy you were speaking to.*
La préposition peut être rejetée à la fin de la relative : c'est courant avec les relatifs en *wh-*. C'est obligatoire avec zéro/*that.*

■ ***Whose*** remplace un génitif ; il se place comme la marque *'s* du génitif :
Lucy's parents live in Melbourne. – This is Lucy, whose parents live in Melbourne. (Lucy, dont les parents...)

■ Ne pas traduire par *whose* le relatif « dont » quand il n'exprime pas un génitif (possession ou parenté).

■ Traductions de « dont » :

— *Whose* = génitif : *This is Angela, whose sister lives next door.* (Angela, dont la sœur...)

— *Of whom/of which* = « une partie de l'ensemble » :
They have three cars, two of which are Italian. (trois voitures, dont deux...)
He has two brothers, one of whom is a celebrity. (deux frères, dont un...)

— Zéro : *This is the book I told you about.* (le livre dont je t'ai parlé)

2. RELATIFS REMPLAÇANT TOUTE UNE PHRASE, OU UN COMPLÉMENT DE LIEU, DE TEMPS, DE CAUSE

antécédent		relatif	exemples
toujours exprimé	toute une phrase	*which*	suj. : *He apologized, which surprised me.* compl. : *He brought me flowers, which I appreciated.*
peu souvent exprimé	lieu	*where*	*This is the street where I live.* *Tell me where it is.*
	temps	*when*	*I remember the day when we met.* *I've forgotten when his birthday is.*
	cause	*why*	*I don't know (the reason) why he is so successful.*
pas d'antécédent		*what*	suj. : *I'll show you what is wrong.* compl. : *What he said was a lie.*

■ *Which* est précédé d'une virgule quand il remplace toute une phrase.

3. COMPOSÉS EN « *-EVER* »

whoever, whatever, whenever, wherever, however, whichever

Whoever said that is mad. (Quiconque a dit cela...)
Whenever you like. (Quand tu voudras.)
Whatever you do, do it well. (Quoique tu fasses...)
Take whichever you like. (... celui que tu veux.)
Wherever you go, I'll go. (Où que tu ailles...)
However rich you are... (Si riche que tu sois...)

48. Faites le bon choix.

1. That's the policeman ... helped me push the car.
a. whose b. who c. whom d. ø
2. This is my friend Frank, ... you have never met.
a. ø b. that c. who d. whom
3. The documentary ... I watched yesterday was very interesting.
a. whom b. of which c. that d. who
4. That's the train ... goes to Cheltenham.
a. who b. ø c. of which d. that
5. Be careful, this is the chair ... back is broken.
a. of which b. whose c. that d. which
6. I'm fed up living with a woman ... works all the time.
a. whom b. who c. whose d. ø
7. This businessman, ... son has just been kidnapped, is very worried.
a. of whom b. who c. whose d. ø
8. Mr Brown is carrying a case ... is very heavy.
a. ø b. which c. whose d. of which
9. I'm sure Tracy is a girl on ... you can rely.
a. what b. that c. who d. whom
10. She's bought a hat ... doesn't suit her.
a. who b. which c. ø d. whose

*49. Complétez avec le relatif qui convient; quand il y a plusieurs possibilités, indiquez-les toutes.

1. Francis is the person ... I admire most. **2.** The woman ... purse has been stolen is furious. **3.** The man ... you've just insulted is my father. **4.** The children ... had been too boisterous were kept in after school. **5.** The tea ... you brought back from Sri Lanka is very good. **6.** La Callas is the opera singer ... I like best. **7.** The hotel ... you recommended was cheap and comfortable. **8.** I didn't like the hat ... the princess was wearing. **9.** Mary will catch the train ... leaves at five. **10.** These are the photos ... I took during my trip to Canada.

*50. Complétez avec le relatif qui convient. Si le relatif peut être omis, mettez-le entre parenthèses.

1. « Bananas » is the worst film ... I have ever seen. **2.** The boy ... wrote this paper must be brilliant. **3.** The watch ... I was given for Christmas is made out of gold. **4.** All ... glitters is not gold. **5.** She ate all the chocolates ... her mother had bought. **6.** The bomb ... went off a few minutes ago killed many tourists. **7.** That's the best video cassette recorder ... you can buy. **8.** Swimming is the only sport ... I can do. **9.** She fell in love with the first man ... she met. **10.** Peter Cook and Dudley Moore are the funniest comedians ... I have ever heard.

51. Combinez les 2 phrases proposées. La 2e phrase deviendra une relative qui donne des renseignements sur le nom en italique. Mettez des virgules quand il le faut.

Ex: a. We had a letter from *Pat.* She's spending her holidays in the Bahamas.
→ We had a letter from Pat, who is spending her holidays in the Bahamas.
b. My friend *Pat* is coming next week. You don't know her.
→ My friend Pat, whom you don't know, is coming next week.

1. Do you remember *Alan and Mary?* We were on holiday with them. **2.** *Peter* is delighted. His latest book has just been published. **3.** The *branch* broke. He was sitting on it. **4.** I saw a *girl.* Her hair was blue. **5.** *Joan* is a lucky woman. Her husband does everything in the house. **6.** *Teresa* plans to spend a year in France. She wants to brush up her French. **7.** I'm going to phone *Katsy.* I haven't seen her for a long time. **8.** Last year I met a *boy* called Sean. He lived in South Africa. His father was a millionaire. **9.** *Agatha Christie* started writing novels when she was a nurse. Her books are famous all over the world. **10.** *Rebecca* is all wet. She has been pushed into the river.

*52. Choisissez le bon relatif, précédé d'une préposition si nécessaire. Toutes les phrases commenceront par *I have a neighbour...*

Ex: I have a neighbour ... She is seventy-six.
→ I have a neighbour who is seventy-six.

1. She is always cheerful. **2.** Everyone admires her. **3.** I always agree with her. **4.** We visit her as often as we can. **5.** Her house is surrounded by woods. **6.** Her garden is full of roses. **7.** I play chess with her every Saturday. **8.** Her jewels were stolen last Christmas. **9.** I owe her a lot of money. **10.** She listens to classical music all day long.

53. Réécrivez ces phrases en langage courant : rejetez la préposition à la fin de la relative, et supprimez le relatif.

Ex: I don't know the man to whom my mother is talking.
→ I don't know the man my mother is talking to.

1. I don't know the boy with whom she's going out. **2.** Did you find the books for which you were looking? **3.** The concert to which we went was a flop. **4.** I've never heard of the novel about which you're talking. **5.** The painting at which you're looking is by Picasso. **6.** The house in which he grew up had no bathroom. **7.** The two presidents found nothing on which they could agree. **8.** The chair on which he was sitting was wobbly. **9.** Jimmy is the boy about whom everybody complains. **10.** The book to which Quakers always refer is the Bible.

**54. Traduisez (équivalents anglais de « dont »).

1. J'ai beaucoup de livres, dont la plupart sont en anglais. **2.** Prend tout l'argent dont tu as besoin. **3.** Ils ont trois filles, dont deux sont professeurs d'anglais. **4.** C'est un auteur dont j'apprécie beaucoup l'humour. **5.** C'est la moto dont j'ai toujours rêvé. **6.** Sir Christopher Wren construisit beaucoup d'églises dans Londres, dont St Paul. **7.** Je n'ai aucun des livres dont mon professeur parle. **8.** Je préfère les oranges dont la peau est fine. **9.** Les enfants dont les mères ne travaillent pas sont peut-être très heureux. **10.** L'homme dont elle est amoureuse habite en U.R.S.S.

*55. Complétez avec le relatif qui convient (quand il y a plusieurs possibilités, indiquez-les toutes).

I'm going to tell you a story (**1**) . . . will make you hair stand on end. The last time (**2**) . . . we were in Scotland we spent the night in a haunted house. The clock had just struck twelve. Suddenly a peal of thunder rolled through the house. We opened the door of our room and saw the tall figure of a man (**3**) . . . was coming towards us. This man, (**4**) . . . hair was long, looked old and exhausted. The chains (**5**) . . . were hanging from his hands and ankles rattled and made an awful noise (**6**) . . . frightened us to death. I looked at his eyes (**7**) . . . were like fire. I couldn't help thinking of all the people (**8**) . . . he had already scared. Fortunately, he didn't see us. He went through the wall, (**9**) . . . was very thick, and disappeared. We were so terrified that we ran away from the cottage (**10**) . . . we had rented for one month.

*56. *What* ou *which ?*

a. Complétez à l'aide de *what* ou *which.*
b. Indiquez leur signification dans chaque phrase (« ce qui » ou « ce que »).

1. He was going for an interview, . . . made him feel nervous. **2.** . . . you really need is a good rest. **3.** Tina phoned, . . . reminds me that I must invite her. **4.** I don't want to know . . . you did last night. **5.** They were late, . . . didn't surprise us at all. **6.** She felt insulted, . . . I perfectly understood. **7.** I don't see . . . is difficult in this exercise. **8.** I know . . . reminds you of Italy: it's the olive-trees. **9.** He said he would come in a top-hat and tails, . . . he did. **10.** Mary, who is ill, asked me to help her. I did . . . I could, . . . wasn't much since I had very little time.

57. Complétez en utilisant l'un des composés en *-ever : whoever, however, whatever, whichever, whenever* ou *wherever.*

1. Come . . . you like. **2.** Sit . . . you like. **3.** . . . cheats will be punished. **4.** . . . they meet, they quarrel. **5.** . . . she does, her mother is never pleased. **6.** He will kill . . . trespasses on his land. **7.** Her dog follows her . . . she goes. **8.** Do . . . you like. **9.** You can play . . . cassette you want. **10.** . . . well you speak English, you will never sound like a native.

IX. LES TEMPS

On distingue trois temps : passé, présent, futur. La marque du temps ne doit apparaître qu'une seule fois : sur le verbe s'il est seul *(He worked)* ou sur l'auxiliaire quand il y en a un *(Did he work?)*.

1. PRÉSENT ET PASSÉ

■ Forme progressive : *be* + B.V. *-ing*

présent progressif

3 formes de *be* au présent :
I am/she is/they are talking.
Contractées : *'m/'s/'re*

prétérit progressif

2 formes de *be* au prétérit :
He was/They were sleeping.
Jamais contractées.

B.V. terminée par :		
-e	cons. + voy. accentuée + cons.	*-ie*
take + ing *taking*	*begin + ing* *beginning*	*lie + ing* *lying*

■ Présent simple : B.V.

Ex: *I like him. – They know.*

- B.V. + *s* (ou *es*) à la 3e personne du singulier :
  He works. – He goes. – He fetches. – He misses her.
- *-es pour les B.V. terminées par o, ss, s, x, ch, sh.*
- Dans les phrases interrogatives et négatives : auxiliaires *do, does.*

■ Prétérit simple

- Verbes réguliers : B.V. + *ed.*

B.V. terminée par :			
-e	cons. + voy. accentuée + cons.	voy. + *y*	cons. + *y*
live → *lived*	*stop, prefer* →*stopped, preferred*	*stay* → *stayed*	*cry* → *cried*

- Verbes irréguliers : se reporter à la liste à la fin du livre.
- Dans les phrases interrogatives et négatives : auxiliaire *did*.

■ Emplois

PRÉSENT	progressif	verbes d'action	— action en cours : *They are playing.* — description : *He is smiling in the photo.* — position : *He's standing.* — période incluant le présent : *He's writing a novel.*
	simple	verbes d'action	— habitudes : *He reads a lot.* — généralités : *Days get shorter in autumn.*
		autres verbes	— goûts, opinion : *She likes jazz.* — volonté, savoir : *I don't know.* — possession : *I have two sisters.* — état : *He looks/seems older.*

PASSÉ	prétérit progressif	(VERBES D'ACTION) Action en cours à un moment du passé. Description.	*What were you doing at 8?* *I was sleeping when you phoned.* *He said he was looking for a job.* *The sun was shining...*
	prétérit simple	(TOUS TYPES DE VERBES) Habitude passée. Récit = actions successives.	*He knew she liked him.* *When she was 7, she wore a uniform.* *He had a bath, shaved, and put on his best clothes.*
	passé révolu = *used to* + B.V.	Opposition passé/présent : les choses ne sont plus ce qu'elles étaient « avant », « jadis ».	*There used to be a café here.* *She didn't use to wear glasses.* *Did she use to be famous?*

■ Prétérit simple ou progressif ?

- Si on s'intéresse à la succession des faits, sans s'occuper de leur durée : prétérit simple.
  I fed the baby while Jerry packed the cases, then we called a taxi, and we managed to catch the train.
- Si on s'intéresse au déroulement d'une action (une action brève intervenant pendant le déroulement d'une action de plus longue durée) : prétérit progressif (action en cours) + prétérit simple (action brève).
  While (As) I was feeding the baby, the telephone rang.

■ **Prétérit modal :** il n'exprime pas des faits passés, mais des faits :

- non réels : *Suppose I bought a Jaguar... – It's (high/about) time you worked! – He sounded as if/as though he were bored.*
- souhaités : *I wish he had a car. – If only you could see me! – I'd rather you didn't smoke.*
- soumis à condition : *If I was rich...* (langue courante) – *If I were rich...* (langue recherchée).

■ Le présent et le prétérit progressifs peuvent parfois indiquer une répétition irritante, associés aux adverbes *always, constantly,* etc. :
She is always criticizing me. – He was continually giving us advice.

■ **Verbes** en général incompatibles avec la forme progressive :

— verbes d'état : *seem, look, sound, be.*

— possession : *have (got), belong, owe, own.*

— perception : *see, hear, taste, smell.*

— opérations brèves : *drop, find out, realize...*

— savoir, opinion, volonté, etc. : *know, want, suppose, mean, matter, understand, believe, remember, agree, refuse, cost, need, consist, contain, concern, depend...*

■ **Forme progressive possible** (verbes d'action)	■ **Forme progressive impossible** (autres valeurs)
• *Be* (comportement) : *You are being intolerant!*	• *Be* (état) : *You are usually tolerant.*
• *Have* (= prendre, etc.) : *She's having lunch/a bath...*	• *Have* (= posséder) : *She has a good job.*
• *Think* (= penser, réfléchir) : *I am thinking of you.*	• *Think* (= opinion) : *I think it's over.*
• *See* (= fréquenter) : *I am not seeing him these days.*	• *See* (= perception) : *I can see a bird.* (compréhension) : *Oh, I see.*

58. Complétez en mettant le verbe indiqué au présent simple ou progressif.

1. ATTEND ■ She ... several evening classes. ■ She ... Mrs Crook's pottery class, as she does every Wednesday. **2.** BURN ■ Something ... ■ Paper ... easily. **3.** HAVE ■ Don't disturb him, he ... a rest. ■ A lot of people ... cereal for breakfast. **4.** READ ■ Don't disturb him. Hc ... ■ Ted ... quite well for his age. **5.** SERVE ■ They ... chips with everything in the cafeteria. ■ A waiter ... caviar at the table behind you.

*59. Voici un test auquel ont répondu M. et Mme Miller en échangeant leur point de vue. Qu'ont-ils dit ? N'oubliez pas d'indiquer par un présent progressif, toutes les fois où cela est possible, ce qui les irrite.

Ex. : They are always criticizing adults.

Do your children...	always	sometimes	rarely
0. criticize adults?	V		
1. answer back?		V	
2. complain they do not get enough pocket money?	V		
3. ask for more?	V		
4. help with the housework?			V
5. find excuses not to help?	V		
6. ask permission before inviting friends?			V
7. make an effort to be on time for family occasions?			V
8. borrow the car when you need it?	V		
9. stay on the phone with their friends for hours?		V	
10. behave affectionately?	V		

**60. Traduisez.

1. Qu'est-ce que vous buvez d'habitude au dîner ? De l'eau ou du vin ? **2.** Elle ne peut pas venir maintenant ; elle prend un bain. **3.** Qui est-ce qui chante ? En tout cas, il chante très bien. **4.** — Que pensez-vous du tunnel sous la Manche ? — Je crois que c'est une bonne idée et je suppose que la plupart des gens pensent comme moi. **5.** Il a l'air très gai. Il pense probablement aux prochaines vacances. **6.** Il devient de plus en plus pessimiste. Est-il vrai que les gens deviennent de plus en plus soucieux quand ils vieillissent ? **7.** Qu'est-ce que c'est ? Cela ressemble à du whisky mais cela n'en a pas le goût. **8.** Cette voiture appartient à un chanteur célèbre. Regarde ! Son chauffeur conduit et lui est assis à l'arrière. **9.** Cet homme qui est interviewé à la télévision parle plusieurs langues. **10.** Je fume rarement. Chaque fois que je fume, cela me fait tousser.

61. Complétez à l'aide de verbes au prétérit simple. (Variez les verbes au maximum.)

Last summer, Mr and Mrs Baxter (**1**) . . . their holidays in Scotland. They (**2**) . . . a hotel near the beach and they often (**3**) . . . for long walks on the golden sand. They (**4**) . . . a lot of the whisky produced by the local distillery because they (**5**) . . . it very good. They also (**6**) . . . some salmon *(saumon)* which the chef (**7**) . . . how to prepare very nicely. They (**8**) . . . a few cards to their friends, telling them how much they (**9**) . . . Scotland. They (**10**) . . . lovely hand-knitted jumpers for their children, but as they already (**11**) . . . a lot of luggage, they (**12**) . . . them home by post. They (**13**) . . . a lot of sightseeing and (**14**) . . . all the places of interest in the area. An old fisherman (**15**) . . . them fascinating stories about the Scottish clans and even (**16**) . . . them how to recognize a few tartans *(motif de tissu écossais ; chaque clan a son propre motif).* What (**17**) . . . them most (**18**) . . . the friendliness of the Scots. They (**19**) . . . very sad when they (**20**) . . . .

*62. Mettez chaque verbe au temps qui convient (prétérit simple ou progressif).

1. When she (open) her bag, she (realize) that she had lost her keys. **2.** She (open) her bag when someone (jostle = *bousculer*) her. **3.** He (tear) his sweat shirt as he (crawl) under barbed wire *(fil de fer barbelé).* **4.** I (leaf) through *(feuilleter)* a book when an old faded letter (fall) from it. **5.** She (go) into a shop to inquire about the price of a dress; meanwhile *(pendant ce temps-là),* he (wait) for her outside.

*63. Traduisez en utilisant un prétérit simple ou progressif selon que l'on veut insister sur la succession des faits, ou sur leur déroulement (durée).

1. Quand nous sommes arrivés au stade, nos amis nous attendaient. **2.** Le téléphone a sonné alors que je prenais un bain. **3.** Quand je l'ai entendu, je suis descendu pour répondre. **4.** Tard la nuit dernière, il travaillait encore à sa thèse *(thesis).* **5.** Des gens dansaient pendant que d'autres bavardaient dans un coin de la pièce. **6.** Quand la musique s'est arrêtée, quelqu'un a mis un autre disque. **7.** Les enfants sont restés à la maison hier après-midi. Ils ont joué à des jeux de société *(board games)* pendant que j'ai écrit quelques lettres. **8.** Chaque fois qu'il allait à la piscine, il attrapait un rhume. **9.** Il dut répéter deux fois avant qu'ils ne comprennent. **10.** Dès qu'il se rendit compte de son erreur, il bredouilla *(stammer out)* une excuse.

*64. Complétez à l'aide d'un prétérit ou d'un plus-que-parfait modal, selon le temps de la 1re phrase (voir chap. X.2.). Respectez la concordance des temps.

Ex: I didn't see the film. — I wish . . . → I wish I had seen it.
I haven't got a country house. — I wish . . . → I wish I had one.

1. I am not a good swimmer. — I wish ... **2.** I didn't have my camera with me. — If only ... **3.** I didn't know he had a wife. — I wish ... **4.** Something terrible has happened. — I wish ... **5.** I don't want to take riding lessons. — I'd rather you ... (teach) yourself **6.** I can't play the piano. — I wish ... **7.** There has been a scene. — I wish ... **8.** He always answers back. — I wish ... **9.** You have drunk too much. — I'd rather you ... (not drive). **10.** He wasn't wearing a safety-belt. — If ..., he wouldn't have been hurt.

*65. Le passé révolu : *used to.* La chanteuse Malvina a mis plusieurs années avant de se faire connaître. Comparez la vie qu'elle menait avant et celle qu'elle mène maintenant. Créez des phrases à partir des éléments donnés. Faites aussi des phrases négatives.

Ex: She used to be considered a second-rate artist but now she is widely admired.

BEFORE	NOW
0. second-rate artist	widely admired
1. an old garage	greatest studios in Nashville
2. no restaurants	expensive restaurants
3. small dingy clubs	large audiences
4. a bed-sitter	a manor house in Kent
5. free time	always busy
6. boyfriend: guitar-player	"jet-set" society
7. second-hand clothes	designer clothes
8. no hairdresser	hairdresser's every day
9. no holidays	exotic far-away islands
10. a moped	chauffeur + Rolls Royce

2. LE FUTUR

be going to + B.V.	Intention Prévision	*I'm going to stop smoking.* *It's going to rain. – You're going to fall.*
will ('ll) + B.V.	Tout événement futur	*He'll be twenty next week.* *I'll come by car.*
will + forme progressive	Action en cours Futur, sans autre nuance	*At 4, I'll be flying over the ocean.* *At the party, I'll be wearing a mask.*
be about to + B.V.	Futur imminent	*The water is about to boil.*
be to + B.V.	Arrangement, projet	*They are to leave on Monday.*
PRÉSENT + C. de temps futur : — P. simple — P. progressif	Horaire/programme Intention	*The course begins next week.* *When are you leaving?*
will, be going to, be about to, be to au PRÉTÉRIT	Futur dans le passé	*I knew he would come.* *He said he was going to resign.* *She was about to cry.* *She was to go abroad when I met her.*
will have + participe passé	Futur antérieur	*This time next month, he will have moved out.*

■ ***Will*** ou ***shall***
On peut utiliser *will* (négatif : *won't*) à toutes les personnes, *shall* seulement avec les pronoms *I* et *we* dans les propositions sous forme de questions. Dans la forme contractée *'ll*, la différence n'apparaît plus.
Will you be there? Yes, I will. – When shall we go?

■ Pas de futur dans les subordonnées de temps et de condition (après *when, whenever, as soon as, as long as, while, once, if,* etc.).

Schéma : Principale au futur + subordonnée au présent simple ou au parfait (au lieu du futur et futur antérieur) :
When you are older, you'll understand. (Quand tu seras...)
We'll go as soon as I have checked everything. (dès que j'aurai vérifié...)

■ Peut-on employer ***will*** **après *when?***

- Non, quand *when* introduit une subordonnée de temps : *I'll phone you when I get there.* (prés. simple) – *I'll phone you when I have finished.* (parfait)
- Oui, quand *when* introduit une interrogative directe ou indirecte : *When will you get there? – I don't know when I'll get there.*

66. Expliquez ce que ces gens ont l'intention de faire ou ce qui va inéluctablement se passer (= prévision).

1. Mrs Rigg is in the kitchen. There is a pile of dirty plates and dishes in front of her. **2.** Her husband has just bought some seeds *(graines).* He is in the garden. **3.** The weather forecast for tomorrow is: – 3° C. **4.** Miss Ryan is at the filling station. The tank of her car is empty. **5.** Henry knows he drinks too much. He has made a firm resolution. **6.** Two minutes before the end of the match, the score is Scotland: 33, England: 6. **7.** Mrs Denby wants to catch the 10.44 train. It is now 10.42 and she is still two miles from the station. **8.** But there is another train in half an hour. **9.** The car is nearing the crossroads. It is flashing its left-hand indicator *(clignotant).* **10.** Mr Pfeiffer is at the bank. He has traveller's cheques. He wants pound notes.

*67. Traduisez en vous demandant si vous pouvez employer le futur après les mots en italique.

1. *Quand* tu liras cette lettre, je serai déjà loin. **2.** *Dès que* je recevrai le message, je ferai le nécessaire. **3.** *Quand* tu auras lu le livre, on pourra en parler. **4.** *Chaque fois que* tu auras besoin de moi, je serai là. **5.** Je me demande *quand* ils me laisseront tranquille. **6.** *Dès que* j'aurai déménagé, je chercherai un autre travail. **7.** *Une fois que* nous aurons payé l'hôtel, il nous restera 10 livres. **8.** Je préparerai les sandwiches *pendant que* tu mettras le couvert. **9.** *Tant que* tu resteras ici, tu seras en sécurité. **10.** Vous pourrez quitter votre siège *après que* l'avion aura décollé.

**68. Mettez les verbes entre parenthèses à la forme qui convient pour exprimer une idée de futur. Rappelez-vous que les différentes façons d'exprimer le futur ne sont pas interchangeables.

1. Our train (leave) at 9.35 a.m. tomorrow. We (go) to Zurich. We (not/be) in a hotel, we (stay) with old friends. This time next week, we (climb) Eiger. **2.** I've bought a teach-yourself Urdu book. I (learn) Urdu. **3.** Listen! He (say) something important. **4.** Arrangements have been made, Mr President. You (meet) the Secretary of Trade and Commerce tomorrow afternoon. I am afraid you (have) to cancel all other appointments. **5.** Hold tight *(tenez bon)!* It (hurt).

X. PARFAIT ET PLUS-QUE-PARFAIT

1. LE PARFAIT

■ Structure ***have/has* + participe passé.** Ex. : *He has gone to London.*
Le parfait exprime un lien entre le passé et le présent. Ce n'est pas un temps du passé. Il n'est jamais associé à des indications de temps passé *(yesterday, last week...).*

■ Parfait et passé composé

- Ne pas confondre le parfait avec le passé composé français, qui a la même forme (avoir + part. passé), et qui, lui, sert souvent de temps du récit.

PASSÉ COMPOSÉ FRANÇAIS

↙ ↘

Lien passé/présent	**Temps du récit**
« J'ai trouvé la solution. »	« Hier, j'ai trouvé un billet de 100 F. »
↓	↓
ANGLAIS : PARFAIT	**ANGLAIS : PRÉTÉRIT**
I have found the solution.	*Yesterday, I found a 100 F note.*
Pas d'indication de temps passé.	Indication de temps passé.
C'est le lien avec le présent qui nous intéresse.	C'est le récit qui nous intéresse : quand ? comment ?

- Le parfait n'est pas comme le passé composé qui se forme parfois avec « être » (avec des verbes tels que « arriver, venir, partir, aller, sortir, etc. » : Il est arrivé). Le parfait se forme toujours avec *have/has : He has come.*

■ Emplois du parfait : il exprime toujours une relation entre le passé et le présent.

- Un fait passé qui a des conséquences dans le présent :
  I have run too much, I am tired. (J'ai trop couru...)
- Un fait qui a commencé dans le passé, et se poursuit dans le présent (parfait associé aux prépositions *for* et *since*) :
  They have lived here for ten years. (Ils vivent ici depuis...)
- Un fait passé qui se situe dans une période incluant encore le présent *(today, this morning...) :*
  I have done a lot of work this morning. (Il n'est pas encore midi quand je dis cela.)

■ **Le parfait associé à *for* et *since*** indique qu'un fait commencé dans le passé se poursuit dans le présent :
He has known her for 6 years. – He has known her since 1982. (Il la connaît depuis...)

- En français on utilise le présent + « depuis » (Il la connaît) ; en anglais on utilise le parfait *(He has known...)*
  En français une seule préposition (depuis) ; en anglais : *since* pour renvoyer au point de départ, *for* pour évoquer la durée écoulée.

- **Différences** entre ***for*** et ***since.***

Après *for...*

— On trouve souvent un quantificateur : *for a whole month, for one week, for 15 days, for some time, for several days.*

— On doit supprimer *for* avant *all : He has worked all day.*

Après *since...*

— Jamais de quantificateur : *since last month, since 1984, since the holidays, since I met her.*

— *since* peut être employé seul, souvent après *(n)ever : She met him in 1971, and has loved him ever since.*

Temps associés à *for*

— Au parfait : *for* = depuis.

— À d'autres temps : *for* = pendant.
The circus is here for 2 days.
He'll stay for a week.
They worked for 3 hours.

Temps associés à *since*

— Le parfait ou le plus-que-parfait, car *since* = depuis.

— *Since* peut introduire une subordonnée au prétérit *(She has changed a lot since I last saw her* → action finie*)* ou au parfait *(She has changed a lot since she has known him* → action non finie.)

- **« Depuis » = *for* ou *since?***
  Quand le complément introduit par « depuis » peut être exprimé aussi bien par « il y a... que » ou « ça fait... que », on doit traduire « depuis » par *for :*
  Je la connais depuis 6 ans = Il y a 6 ans que je la connais. → *I have known her for 6 years.*

■ **Le parfait + *just* = passé immédiat.**
Ex. : *I have just arrived.* (Je viens d'arriver.)

■ **Adverbes souvent associés au parfait,** parce qu'ils expriment un lien passé/présent :
— *now, so far, up to now, recently, lately,*
— *never, ever, yet, already* (voir XIV.).
What have you done so far? – Have you ever been to the USA?

■ Parfait simple	**Parfait progressif**
(a) I've worked too much, I'm tired. *(b) I've lived here for 2 years.*	*I've been working until now.* *I've been living here for 10 years, I need a change!*
On insiste sur l'action elle-même, et son résultat.	On insiste sur le déroulement, la durée de l'action.

(a) sans *since/for* = action achevée, ou à peine achevée, donc passé composé en français (j'ai travaillé...).
(b) avec *for/since* = action inachevée, donc présent en français (j'habite ici depuis...),

■ Impossibilité d'utiliser le parfait progressif.

- Pas de parfait progressif avec les verbes incompatibles avec la forme progressive (voir IX.1.) : *I've had this car for 3 years.*
- Normalement, les actions brèves sont incompatibles avec la forme progressive, mais au parfait, on distingue deux cas :
  — action brève, non répétée → Parfait : *I've broken my arm.*
  — action brève, répétée → Parfait progressif : *I've been breaking things all morning.*

69. Mettez le verbe entre parenthèses au parfait ou au prétérit (forme simple), selon le cas.

1. Why (you - stop) talking when he came in? **2.** He (not - use) his new stereo equipment much since he bought it. **3.** — Isn't Pam at home? — No, she (go) to the dry-cleaner's. **4.** What! Your work isn't finished yet! How long (you - be) at it? **5.** I (write) five letters this afternoon. I need a break. **6.** I'm sorry I (not - write) to you for ages. **7.** Unfortunately he (not - send) the documents in time. **8.** Sorry to keep you waiting. (you - be) here long? **9.** I (buy) several things in this shop last year. **10.** — What time is it? — I don't know. I (lose) my watch.

70. Quelle traduction de « depuis » faut-il employer devant chacune des expressions de temps suivantes ? *For* ou *since ?*

1. Christmas. **2.** last week. **3.** the last few weeks. **4.** the day before yesterday. **5.** half a minute. **6.** he was born. **7.** the incident. **8.** years. **9.** some time. **10.** long. **11.** a few days. **12.** 1945. **13.** January. **14.** they first met. **15.** his birthday. **16.** ages. **17.** 5 o'clock. **18.** five hours. **19.** Jennifer's death. **20.** the presidential election.

71. Complétez chaque phrase avec *for, since* quand c'est nécessaire.

1. I have not heard from him . . . years. **2.** Hurry up! I can't wait . . . all day! **3.** He has played in this club . . . the Easter holidays. **4.** The film will be on . . . a week. **5.** She said nothing . . . about half a minute. **6.** It has been quite cold . . . the past few days. **7.** It has been quite cold . . . the day we had the picnic. **8.** It rained . . . all afternoon yesterday. **9.** He stayed abroad . . . a whole year. **10.** The sky has been cloudy . . . yesterday.

72. a. Repérez les phrases qui indiquent un lien passé/présent, et traduisez-les en utilisant un parfait associé à un adverbe. *b.* À quel temps faudrait-il traduire les autres phrases ? Pourquoi ?

1. Je n'ai jamais été bonne en maths. **2.** J'ai déjà vu ce film. **3.** J'arrive à l'instant. **4.** J'ai travaillé pendant 3 heures ce matin (il est 20 h maintenant). **5.** J'ai fait des découvertes récemment. **6.** J'ai fini cet article hier. **7.** Jusqu'à présent, je n'ai eu aucun reproche à lui faire. **8.** J'ai travaillé toute la matinée (il est 11 heures). **9.** Il vient à peine de comprendre. **10.** Je l'ai vu hésiter une seule fois. **11.** Je n'ai pas encore fini de préparer mes bagages. **12.** Je n'ai rien fait la semaine dernière. **13.** As-tu déjà essayé de plonger ? **14.** C'est le garçon le plus beau que j'aie jamais vu.

73. **Fournissez une explication logique à chacune des phrases suivantes en utilisant le parfait progressif.**

Ex: Jenny is trembling.
→ She's been watching a horror movie.

1. Paul is exhausted. **2.** John is all wet. **3.** Ted can't walk straight. **4.** Mr Delaunay's hands are dirty. **5.** Tim's trousers are all torn. **6.** Mr Ford's apron *(tablier)* is full of grease spots. **7.** Katsy is crying. **8.** Jim's hands are frozen. **9.** The postman's bag is heavy. **10.** The milkman's float *(camionnette)* is nearly empty.

*74. **Mettez le verbe entre parenthèses au parfait simple ou progressif selon le cas. Expliquez pourquoi.**

1. She (talk) on the phone with her boyfriend in Hong Kong for two hours now. **2.** It (rain) all day. I wish it would stop. **3.** The alpinists (climb) for six hours non-stop since they left their base camp. **4.** What a pity! They (cut) down all the trees in the park... **5.** You can use this chair. I (repair) it. **6.** This house (belong) to my family for 100 years. **7.** Look outside! The Smiths (buy) a new car. **8.** How could I do the shopping? I (work) since you left this morning! **9.** The baby is going to sleep at last. I (give) him his bottle. **10.** Do you know why Old Frankie is bald now (*chauve*)? The Cherokees (scalp) him!

2. LE PLUS-QUE-PARFAIT

■ Structure : ***had*** **+ participe passé.** Ex: *He had warned you.*

■ On utilise le plus-que-parfait pour revenir en arrière dans le passé par rapport à un autre fait passé (au prétérit) qui sert de point de repère :
He won the match yesterday. He had already won 2 weeks before. (Il avait gagné...)
Le plus-que-parfait correspond :
— en général, au plus-que-parfait français ;
— lorsqu'il est associé à *for* ou *since,* à l'imparfait français + « depuis » :
He had known her since childhood. (Il la connaissait depuis...)
Pour la différence entre *for* et *since,* (voir X.1.).

■ Ne pas utiliser le plus-que-parfait avec les mots : *last (week, month, year...), yesterday, ago* (toujours associés au prétérit) ; on utilise *before.*
He won last week.→ He had won 2 weeks before.
He called yesterday.→ He had called the day before.
He left 3 days ago.→ He had left 3 days before.

■ **Plus-que-parfait progressif :** ***had been*** **+** ***-ing.***
Ex: *I saw she had been crying.*
Plus-que-parfait simple ou progressif ? Mêmes distinctions qu'au parfait (voir X.1.).

■ **Plus-que-parfait modal**
On l'utilise après certaines expressions, pour évoquer des faits qui n'ont pas eu lieu dans le passé : faits souhaités, ou soumis à condition.
If you had come, you would have enjoyed it. – I wish you had trusted me.
If only you had told me! – I'd rather you had told me the truth.
She looked as if (as though) she had seen a ghost.

*75. **Répondre au plus-que-parfait.**

Ex: Why didn't you come to the party?
→ Because she hadn't invited me.

1. Why did she run back to her room? **2.** Why was the grass so long? **3.** Why couldn't you find a room in the hotel? **4.** Why did you have a headache? **5.** Why was she so afraid of the dog? **6.** Why did she look so happy when she put down the phone? **7.** Why were you drunk *(saoul)* after drinking one glass of Vodka? (never) **8.** Why did the policeman stop her car? **9.** Why were her eyes all red and swollen? **10.** Why did the waiter look so angry when you left?

*76. ***a.*** **Repérez parmi ces phrases, celles qui peuvent être complétées par « depuis » + complément (« depuis deux jours » = durée, et « depuis son accident » = point de départ de l'action). Complétez-les avec un complément de votre choix, puis traduisez-les à l'aide d'un parfait ou d'un plus-que-parfait (simples ou progressifs) + complément introduit par *for* ou *since.***

b. **Regroupez les autres phrases, et remarquez à quel temps elles sont en français.**

1. Je n'ai rien lu ... **2.** J'ai lu ... **3.** Je lis ... **4.** Il avait téléphoné ... **5.** Je l'ai rencontrée ... **6.** Je ne l'avais pas vue ... **7.** Je me suis coupée ... **8.** Je coupe du salami ... **9.** Hier, je jouais ... quand il s'est mis à pleuvoir. **10.** Je ne le connaissais pas ... **11.** Il n'a jamais bu autant que ... **12.** Il ne fume plus ... **13.** Il veut acheter une maison de campagne ... **14.** Il me devait de l'argent ...

*77. Prétérit (simple ou progressif), parfait ou plus-que-parfait (simples ou progressifs). Traduisez.

1. Elle pleurait quand je suis arrivée. **2.** Il pleuvait depuis longtemps quand nous sommes arrivés. **3.** Ah ! J'oubliais : donne-moi ton adresse. **4.** Elle avait eu peur : elle tremblait encore. **5.** J'ai assez joué, j'arrête. **6.** Comment ça s'est passé ? **7.** Il joue depuis des heures, il doit être fatigué. **8.** Je me suis entraîné tout l'après-midi hier. **9.** J'ai eu un beau cadeau pour mon anniversaire. **10.** Aide-moi à porter ça. Je laisse tout tomber ce matin : j'ai déjà cassé trois verres.

**78. Mettez les verbes entre parenthèses au temps qui convient : prétérit (simple ou progressif) ou plus-que-parfait simple.

Raiders drive away with five tons of banknotes.

An early morning cup of tea (**1.** cost) the Security Express group £7 million — the proceeds *(le produit)* of Britain's biggest theft of cash.
A few minutes before 7 a.m. on Easter Monday, a uniformed guard (**2.** to stroll: *aller sans se presser*) over from the company's control box for a pint of milk left at the main gate. He (**3.** just/to take over) duty from the night patrol inside the fortified complex and (**4.** to look forward) to a refreshing cup of tea.
As he (**5.** to walk back) across the compound *(l'enceinte)* of the firm's London headquarters, a gang of six masked men who (**6.** already/to scale: *escalader*) the 6 ft perimeter wall, (**7.** to lie) in wait.
Waving their guns, they (**8.** to force) the guard to open the doors of the main reception area and (**9.** to tie up) him.
An electronic "specialist" in the gang then (**10.** to set about) deactiving the five video cameras that scan *(balayer, examiner)* the complex and by-passing *(contourner)* the sophisticated alarm systems.
After the base (**11.** to be cut off) from the outside world, they (**12.** to scrutinise) plans of the building to locate the vaults *(les chambres-fortes)* and the man responsible for fixing the alarms (**13.** to recheck) his handiwork *(ouvrage)* to make sure that he (**14.** not to overlook) anything.
Once inside the vaults, the gang (**15.** to set) to work. By 10.30 they (**16.** to move) the equivalent of more than five tons of notes to the two getaway lorries *(les camions qui devaient leur permettre de filer)* in the loading bay *(aire de chargement).*
The ready cash (**17.** to pour in) over the Easter holiday from department stores, supermarkets and shops seeking a stronghold *(un lieu bien protégé)* until the banks (**18.** to reopen) for deposit on Tuesday.
It was not until 90 minutes after the gang (**19.** to leave) that the guard (**20.** to manage) to loosen his wrists *(desserrer les liens qu'il avait aux poignets)* and stagger to a telephone to raise the alarm.

XI. LES AUXILIAIRES MODAUX

Les auxiliaires modaux servent à exprimer tous les faits qui ne sont pas (ou pas encore) réels : les faits possibles, probables, nécessaires, souhaités, futurs, supposés, etc.
Liste : ***can, could, may, might, shall, will, should, would, must.***

Caractéristiques : un modal...
— doit être suivi d'une B.V. ;
— n'est jamais précédé de *to ;*
— n'a qu'une forme pour toutes les personnes ;
— ne peut être suivi d'un autre modal.

1. SIGNIFICATIONS PROPRES À CHAQUE MODAL

IMPORTANT : Les modaux du tableau suivant sont généralement suivis d'un verbe seul : *We could wait.* (On pourrait attendre.) Mais les modaux *could, would, should, might, will* peuvent également être associés au parfait (*have* + Participe passé) : *We could have waited.* (On aurait pu attendre.)

POSSIBILITÉ, IMPOSSIBILITÉ physique, matérielle	*can* (présent)	*I can run faster.* (Je peux courir...) *I can hear music.* (J'entends...) *He can dance.* (Il sait danser.) *She can't drive.* (Elle ne sait pas conduire.)
	could (passé et conditionnel)	*I could jog, when I lived in New York.* *If I were stronger, I could lift this table.*
OBLIGATION	*must*	*You must look after your little brother.*
AUTORISATION – familière – officielle	 *can* *may*	 *Can I use your brush?* *You may take photos in the museum.*

INTERDICTION – au sens large – officielle – ne venant pas du locuteur	 *mustn't* *may not* *can't*	 *You mustn't break anything.* *You may not smoke.* *You can't camp here!*
SOUHAIT	*would (like to)* *could* + Parfait	*I would like to stay.* (J'aimerais...) *If only he could stop worrying!* (Si seulement il pouvait...) *I would like to have been there.* (J'aurais aimé être là.) *If only he could have understood.* (Si seulement il avait pu...)
CONSEIL, SUGGESTION REPROCHE, REGRET	*should* *could* *might* + Parfait	*You should take an umbrella.* (Tu devrais prendre...) *You could be more patient!* (Tu pourrais...) *You might bring an extra sweater in case it turns cold.* *You should have come, it was fun.* (Tu aurais dû venir...)
PROPOSITIONS, REQUÊTES POLIES, (Phrases ?)	*shall* *will* *would* *could*	*Shall I help you? – Shall we go now?* *Will you stay to dinner?* *Would you hold the door for me?* *Could you help me?* (Pourrais-tu... ?)
ACCEPTATION, REFUS	*will* *would* (passé)	*She will see you. – I won't have this nonsense!* *I insisted, but she wouldn't come* (... elle a refusé...).
ACTION RÉPÉTÉE DANS LE PASSÉ	*would*	*When we were children, my parents would take us to the zoo on Sunday.* (... nous emmenaient...)

PHRASES CONDITIONNELLES	*will*	*If you wait a bit, you'll see him.*
	would	*If I knew anything, I would tell you* (... je te le dirais.)
	+ Parfait	*If I had known, I would have told you.* (... je te l'aurais dit.)

■ Le modal est dans la principale, pas dans la subordonnée :

Subordonnée	Principale
présent	*will* + verbe seul
prétérit	*would/could* + verbe seul
plus-que-parfait	*would/could* + *have* + part. passé.

■ **Concordance des temps au passé :** dans les complétives, *can, must, may, will* deviennent *could, must, might, would.*
She told us that she couldn't drive. – She said that she might call.
I told him that he must be careful. – He promised that he would come.

2. LA PROBABILITÉ

■ À l'aide d'auxiliaires modaux, le locuteur donne son point de vue : selon lui, un fait est plus ou moins probable, possible, éventuel, certain... (ça doit être dangereux ; ça peut être... ; ça pourrait être..., etc.).

■ **Probabilité d'un fait** présent, passé, ou futur.
Le locuteur donne son point de vue maintenant, concernant un fait :

— **présent :** *She may be writing.* → Modal + *be* + B.V. *-ing.*

— **passé :** *She may have written.* → Modal + *have* + Part. passé

— **futur :** *She may write (later).* → Modal + V. seul.

■ Seuls *may, might* et *should* peuvent exprimer la probabilité d'un fait futur.

■ **Les degrés de probabilité :**

⊕ • ***Must*** → Forte probabilité (+ v. d'état ou *have* : Phrases [+]) :
He must be 60. – She must be working. – She must have called.

• ***Should*** → Probabilité atténuée (Phrases [+] et [–]) :
It should be easy. (Ça devrait être facile.)
They should not be far now. (Ils ne devraient pas être loin.)

• ***Can*** → Probabilité moyenne (+ v. d'état ou *have* : Phrases [+] et [?]) :
He can be funny. – Where can I have left my keys?
→ Forte improbabilité (Phrases [–]) :
He can't be more than 16!

• ***May*** → Incertitude, éventualité :
She may have rich friends. – He may come, or he may not come.

• ***Could*** → Possibilité, léger doute :
It could be true.

⊖ • ***Might*** → Grande incertitude, doute (Phrases [+] et [–]) :
He might marry her. – He might be waiting.

3. L'EXPRESSION DU SUBJONCTIF

■ Le subjonctif correspond à une langue formelle.

■ ***May*** s'emploie après les composés en *-ever* (voir liste VIII. 3.) :
Whatever you may say, I'll do as I please. (Quoique tu dises...)

■ ***May*** et ***might*** s'emploient après *so that, in order that* (afin que) dans des phrases non négatives exprimant le but :
Could you make less noise, so that I may get some sleep?

■ ***Should*** s'emploie :

- dans les phrases négatives exprimant le but :
  He stayed on, so that I should not be left alone.
- après *lest* (de peur que, forme très rare) et *for fear that* (afin que) :
  She pulled the child away from the stove lest she should get burnt.
- après des verbes tels que *suggest, insist, demand, order:*
  His mother ordered that he should clean up immediately.
- après des adjectifs tels que *necessary, urgent, important, embarrassing, surprising* (exprimant une opinion ou une émotion) :
  It is embarrassing that he should confess publicly.

79. Complétez à l'aide de l'auxiliaire modal qui convient, à la forme affirmative ou négative (sens propre, ou probabilité). Donnez une seule réponse.

1. I ... swim across the lake. It's too far for me. **2.** I'm afraid I don't understand. ... you speak more slowly, please? **3.** How many languages ... you speak? **4.** You ... throw stones at people. You ... hurt someone. **5.** I ... hear anything. There was too much noise. **6.** Hazel told me she ... call tonight. **7.** Oh dear! I ... smell the apple pie burning! **8.** I haven't seen Simon for a week. He ... be on holiday. **9.** If only I ... have a sports car! **10.** You ... stop when the light is red.

*80. *Can't (couldn't)* ou *must*? Obligation, impossibilité, probabilité (ou improbabilité) d'un fait présent ou passé? Choisissez entre ces notions, et complétez les phrases à l'aide du verbe donné entre parenthèses.

Ex: (be) This caviar is very expensive, it *must be* real caviar.
(forget) He *can't have forgotten* my birthday! He's my godfather.
(work) He *can't be working!* It's 2 a.m.

1. (be) He's just bought a Jaguar, he ... rich. **2.** (walk) John sprained his ankle yesterday, and now he ... **3.** (sleep) Francis doesn't answer the phone. He ... **4.** (be) They danced all night, they ... tired when they went to bed. **5.** (be) I don't believe you, it ... true. **6.** (learn) If you want to speak English fluently, you ... your lessons by heart. **7.** (hear) He was too far away, he ... our conversation. **8.** (kill) He loved his wife dearly, he ... her. **9.** (be) This coat only costs fifty pounds. It ... real mink *(vison)*. **10.** (be) They saw a ghost in the middle of the night. They ... scared to death.

*81. Phrases conditionnelles (auxiliaire modal + parfait). Transformez les phrases selon le modèle.

Ex: As the weather was not fine, we didn't go sailing. If...
→ If the weather had been fine, we would have gone sailing.

1. She didn't go to the USA, she didn't have enough money. If ... **2.** The policeman didn't catch the thief because he didn't run fast enough. If ... **3.** He didn't work hard, he didn't pass his exam. If ... **4.** We invited them too late, they didn't come. If ... **5.** I couldn't sleep, my neighbours were making too much noise. If ... **6.** We missed the bus, that's why we were late. If ... **7.** He didn't become a pickpocket, because he was honest. If ... **8.** I lent him my car, but I didn't know he was such a bad driver. If ... **9.** There was a jazz band, that's why he came. If ... **10.** I couldn't help him, I don't know anything about computers. If ....

82. Complétez, ou bien répliquez en exprimant un conseil, un reproche ou un regret à l'aide du modal *should.*

1. We had fun last night, ... **2.** — I get these headaches. — ... **3.** — I am not warm enough. — ... **4.** — I am putting on weight. — ... **5.** This party is boring, ... **6.** Linda was very disappointed not to see you, ... **7.** — I am not pleased with my second-hand motorbike. — ... **8.** — I am going to the States. Where do you advise me to go? — ... **9.** I am not happy with the decorator's job, ... **10.** — I've lost all my money on those machines. — ...

*83. Le subjonctif (niveau de langue soutenu). Traduisez en utilisant les modaux *should* ou *may/might* suivant le cas.

1. La vieille dame était choquée qu'un enfant se conduise aussi mal. **2.** Il est important que vous preniez une décision rapidement. **3.** Il est dommage que Liz soit aussi paresseuse. **4.** Il acheta une maison à la campagne pour que ses enfants jouent dehors et soient heureux. **5.** Il est incroyable que des gens soient aussi racistes. **6.** Ma mère suggéra que nous fassions une promenade. **7.** Le maire ordonna que la vieille maison fût détruite. **8.** Betty insista pour que nous allions dans le Vermont pour nos vacances. **9.** Je lui ai prêté un dictionnaire pour qu'il n'ait pas trop de difficulté à traduire le texte. **10.** Tout le monde a été fouillé à l'entrée pour que personne ne prenne de photos.

84. Complétez à l'aide d'un modal. Le même modal ne peut être utilisé qu'une fois.

1. ... I go to the pictures with you? **2.** ... we dine out tonight? **3.** You ... go out without a pullover, you'll catch a cold. **4.** If I had more money, I ... certainly go to China. **5.** ... you marry me? **6.** The light is still on, he ... be working. **7.** I ... be wrong, but I think you took the wrong decision. **8.** You ... agree with her, she's wrong! **9.** If only I ... finish in time. **10.** Don't bite too hard, you ... break your teeth.

*85. Degrés de probabilité. Reformulez des phrases à l'aide du modal qui exprime le même degré de probabilité que les mots en italique.

Ex: She was *certainly* delayed.
→ She must have been delayed.

1. Is she working? That's *possible.* **2.** Is he her boyfriend? That's *highly probable.* **3.** *I'm not sure* whether she is an actress. **4.** They are *probably* at the airport by now. **5.** Do you think he'll like it? I'm *not at all sure.* **6.** She was *probably* very pretty when she was young. **7.** *Perhaps* he was waiting outside. **8.** He is not that rich! *I don't believe* it! **9.** *I don't think* this is going to be hard work. **10.** There are *two possibilities:* either he stayed the night, or he didn't.

*86. Les modaux associés au parfait *(must, may, could, would, should).*

***a.* Regroupez ces phrases selon les notions qu'elles expriment (2 phrases par notion).**
***b.* Traduisez-les en utilisant le modal qui convient.**

1. Il a dû faire froid à la campagne le week-end dernier. **2.** Tu aurais pu faire plaisir à ta mère ! **3.** Il aurait dû acheter un costume pour le mariage. **4.** L'accident n'aurait pas pu être pire. **5.** Je te l'aurais dit, si je l'avais su plus tôt. **6.** Il a dû y avoir un accident. **7.** Si j'avais su qu'ils étaient si mûrs, je ne les aurais pas achetés. **8.** Il a peut-être neigé. **9.** Il aurait dû y avoir un panneau « danger ». **10.** Elle a pu rater son train, tu sais.

XII. FORMES À SENS MODAL - QUASI-MODAUX

1. LES FORMES À SENS MODAL

■ Elles ont chacune une des significations des modaux mais elles ne fonctionnent pas comme des modaux :

— elles sont toutes suivies de l'infinitif ;

— elles peuvent être utilisées à tous les temps, sauf *be (to)* et *be supposed (to)* (qui s'utilisent au présent et prétérit seulement) ;

— elles peuvent être précédées d'un modal, ou de *to.*

be able (to) : possibilité physique, matérielle (= *can*). *I have never been able to sew.* *When will you be able to come?*	***have (to)*** : obligation (≃ *must*) ou absence d'obligation. *I've (got) to go. – You might have to wait. – You didn't have to pay.*
be allowed (to) : autorisation (≃ *may*) ou interdiction (≃ *may not*) *Are we allowed to smoke?* *You won't be allowed to get in.*	***be forbidden (to)*** : interdiction (≃ *mustn't*) *He was forbidden to drink whisky.*
be likely (to) : probabilité (≃ *may*) *That was likely to happen.*	***be bound (to)*** : forte probabilité (≃ *must*) → phrases [+] *She was bound to be late.*
be (to) : obligation (= *must*) *You are to obey your father.* ***be to*** : fatalité : *She was to die young.* ***be to*** : futur de projet (voir IX. 2.) *We are to meet at 9.*	***be supposed (to)*** : obligation voulue par l'usage. *You are supposed to listen in class.* *You were not supposed to shout.*

■ ***Be able (to)***

• *Be able (to)* doit avoir un sujet animé, sinon on utilise *can* :
It can be done.

- ***Could*** ou ***was able (to)***? (au passé)

I could jog everyday when I lived near the park. (Je pouvais...) C'était toujours possible.	*I was able to jog for three hours yesterday.* (= *I managed...* : J'ai pu... J'ai réussi...) Ce fut possible cette fois-là.

- ***Could*** ou ***would be able (to)***? (au conditionnel)

He could fall. *He could buy the drinks.* (Il pourrait... : supposition, suggestion.)	*He thought he would be able to carry the three cases.* (Il pourrait... : possibilité, capacité.)

■ *Have (to)*

- *Have got (to)* n'existe qu'au présent.
- Différence entre *have (to)* et *must* :

Nécessité extérieure : *I have to take the 4.05 train.*	Obligation ressentie par le sujet : *I'm too fat; I must eat less.*

*87. *a.* ***Could*** **ou** ***was able (to)*** **au passé ? Complétez.**

1. A few years ago, I . . . eat three chocolate bars without having indigestion. **2.** Yesterday, Ann's car broke down, and she . . . repair it herself. **3.** For the first time yesterday, Julian . . . do his puzzle alone. **4.** Jane was a very talented girl. She . . . play the piano and the organ. She . . . also sing very well. **5.** When he left school, my grandfather . . . read, write and spell.

b. Would be able (to) **ou** ***could*** **au conditionnel ?** ***Would have (to)*** **ou** ***should*****? Traduisez.**

1. Si je ne l'avais pas fait aujourd'hui, j'aurais dû le faire demain de toutes façons. **2.** Je ne pourrais pas faire une chose pareille ! **3.** Il sait qu'il devrait faire quelque chose pour améliorer son anglais. **4.** Il savait qu'il ne pourrait pas arriver à l'heure. Il aurait dû nous le dire. **5.** Il savait qu'il devrait faire la queue pendant des heures pour avoir son visa.

88. *a.* **Traduction de « j'ai dû » :** ***had to*** **ou** ***must*** **+ parfait ?**

1. Pourquoi avez-vous dû vous lever si tôt ? **2.** Ils ne sont pas là ? Ils ont dû aller au pub. **3.** Nous avons dû appeler un médecin dans la nuit. **4.** Elle a dû être très déçue. **5.** Hier, j'ai dû changer la roue de ma voiture, seule.

b. **Traduction de « j'ai/nous avons pu » :** ***was/were able (to)*** **ou** ***may*** **+ parfait ?**

1. Heureusement, tout le monde a pu s'échapper à temps. **2.** Il a pu réparer la machine à laver tout de suite. **3.** Ils ont pu se perdre. **4.** — Ces deux élèves ont pu tricher. — Vous croyez ? **5.** Elles ont pu se faire aider.

89. **Traduction du verbe « devoir » :** ***be (to)*** **ou** ***have (to)*****?**

1. Il devait laver sa voiture qui était très sale. **2.** Nous devions rencontrer nos amis à l'aéroport d'Athènes. **3.** James Bond devait rencontrer un autre agent secret devant la National Gallery. **4.** Je croyais que Marc devait arroser votre jardin deux fois par semaine pendant les vacances. **5.** Il faisait si chaud qu'elle devait prendre une douche trois fois par jour. **6.** Ils devaient se rencontrer dans une boum et se marier peu après. **7.** Pourquoi deviez-vous vous lever si tôt ? **8.** À quelle heure devez-vous passer les voir ? **9.** Je croyais que vous ne deviez pas vous voir pendant une semaine ? **10.** Il devait bientôt se rendre compte qu'elle l'avait trompé.

90. ***Have (to)* ou *must*? Complétez (la forme [+] ou [−] de la phrase vous est donnée entre parenthèses).**

1. (−) I'm going to the American Embassy tomorrow. I hope I ... wait for my visa too long. **2.** (+) She cut herself very badly and ... go to the doctor. **3.** (+) I ... buy him a very nice present for his birthday. **4.** (+) If they have another child, they ... buy a bigger car. **5.** (+) — ... you go now? — I'm afraid I ... go to the bank and it closes at five. **6.** (−) Nicolas ... sit up late watching T.V. He's going to school tomorrow. **7.** (−) If we lived near the railway station, I ... get up early every morning. **8.** (+) I ... remember to post those letters. **9.** (+) You ... come and see us sometime.

2. LES QUASI-MODAUX

■ Ils sont suivis d'une B.V. (sauf *ought to*).
Ils peuvent être associés au parfait (sauf *had better*).

■ **OUGHT (TO)** : mêmes significations que *should* (voir XI.).

- Phrases [+] et [−] = conseil/reproche ou probabilité :
  [+] *You ought to see a doctor.* (conseil)
  It ought to be easy. (probabilité)
  [−] *You ought not to have stayed.* (reproche)
- Phrases [?] = demande de conseil : *Ought I to call a vet?*

■ **HAD BETTER : conseil, suggestion.**
[+] *You'd better go now.* (Tu as intérêt à... Tu ferais mieux de...)
[−] *I'd better not smoke.* (Il vaut mieux que je...)
[?] *Hadn't you better book in advance?*

■ **WOULD RATHER/SOONER : souhait, préférence.**
[+] *He'd rather rent a car than buy one.* (Il préférerait... plutôt que...)
[−] *I'd rather not drive.* (J'aimerais mieux...)
[?] *Would you rather have stayed?* (Aurais-tu préféré... ?)

■ **DARE (« oser »)** et **NEED (nécessité, besoin),** se comportent parfois comme des modaux, parfois comme des verbes ordinaires.

- Phrases affirmatives (= verbes) :
  She needs to lose weight. – He dared to ask me!

• Phrases négatives et interrogatives :

	= **modaux**	= **verbes**
PRÉSENT	*Need you go now?* *How dare you insult her!* *He needn't worry.*	*Do you need to go?* *Do you need any help?* *You don't need to wait here.*
PASSÉ	*He needn't have worried.* *He dared not ask me.*	*He didn't need to worry.* *He didn't dare (to) ask me.*
AUTRES TEMPS	*I won't dare (to) say anything.*	

Au passé, le modal *dare* a une forme prétérit *(dared)*; le modal *need* est suivi du parfait.

• *Dare* est rare dans les phrases affirmatives. Exception : *I dare say* (= *I suppose, I expect*). *I dare say you know why I am here.*

• En cas de doute, on peut toujours utiliser *need* comme verbe, mais à la forme négative pour exprimer l'absence d'obligation, on utilise plutôt *needn't.*

91. ***Would rather* ou *had better*? Complétez. (Utilisez les contractions.)**

— Shall we go out tonight?
— No, I don't quite feel like going out, I (**1**) . . . stay at home.
— Come on, staying at home won't cheer you up. You (**2**) . . .stop brooding.
— You're right, I (**3**) . . . have some fun.
— Good! Where (**4**). . . you . . . go?
— I don't know, anywhere!
— Let me think! Would you like to dine out?
— I (**5**) . . . . I'm on a diet.
— What about going to the pictures then?
— I (**6**) . . . . There's nothing interesting on.
— What about going to a concert?
— That's a good idea!
— What (**7**). . . you . . . listen to? Pop music or classical music?
— I (**8**) . . . listen to some pop music.
— Oh! I know where we can get tickets, but we (**9**) . . . hurry up or we'll be too late.

*92. **Traduisez (*dare* et *need*).**

1. Est-ce que tu oseras lui avouer toute la vérité ? **2.** Je n'ose pas réveiller Anne, elle dort profondément. **3.** Julie était si impressionnée qu'elle n'osa pas parler. **4.** Tu n'as pas besoin d'acheter du lait. Il y en a plein dans le frigidaire. **5.** Il n'est pas allé en Angleterre depuis des années. Il a besoin de se remettre à l'anglais. **6.** Tu n'avais pas besoin de hurler. Je ne suis pas sourde. **7.** — Pourquoi es-tu allée en ville ? — J'avais besoin d'acheter une nouvelle paire de chaussures. **8.** Comment oses-tu répondre à ta mère ? **9.** Deux journalistes du Washington Post osèrent parler du scandale du Watergate. **10.** Je n'ai pas besoin de me laver. J'ai pris un bain hier.

93. ***Mustn't* ou *needn't*? Complétez à l'aide du modal qui convient.**

1. I ... type my essay; Mum will do it for me. **2.** Drivers ... jump red lights. **3.** Sue ... worry about her children; they can take care of themselves. **4.** You ... lean out of the window; it could be very dangerous. **5.** You ... hire a car; you can use mine. **6.** You ... play with matches; you might set the house on fire. **7.** You ... buy this book. I've got it at home and I can lend it to you whenever you like. **8.** You ... leave home without your traveller's cheques. **9.** You ... have come so early, I could have managed alone. **10.** You ... shout, I'm not deaf !

94. **Complétez à l'aide d'une forme à sens modal ou d'un quasi-modal.**

1. Where ... you ... live? In a town or in the country? **2.** "Smoking can damage your health. You ... smoke fewer cigarettes", the doctor said. **3.** My tooth hurt so badly that I ... go to the dentist's. **4.** Visitors ... take pictures without a flash. **5.** Visitors ... smoke in the Museum. **6.** The hostages were so scared that they ... move. **7.** I ... get up early next month; I'll be on holiday. **8.** Gandhi ... die in 1948. **9.** Yesterday I ... to do fifty push-ups. I felt very proud of myself. **10.** You ... take a basket; we won't buy anything.

*95. **Exercice de synthèse. Reformulez ces phrases en utilisant un modal, un quasi-modal, ou une forme à sens modal. S'il y a plusieurs possibilités, donnez-les toutes.**

Ex. : She is probably in her office.
→ She must be in her office.

1. I think we'll go to Greece next summer, but I am not sure. **2.** I forbid you to swear. **3.** She didn't manage to swim across the lake. **4.** You don't have to do the ironing now. I'll do it later on. **5.** People are prevented from parking in front of the American Embassy. **6.** Would you like me to lay the table? **7.** When I was ill, my husband was obliged to do everything in the house. **8.** Betty is late. Her plane was certainly delayed. **9.** What would you like, whisky or sherry? **10.** Laura isn't home yet. Maybe she's called on her brother.

*96. **Le verbe « falloir » exprime souvent une obligation, mais aussi un conseil, un regret, ou une probabilité. Traduisez ces phrases en utilisant *must, have (to)* ou *should* selon le cas.**

1. Il faudrait savoir ce que tu veux ! **2.** Il faudra que j'achète un autre sac. **3.** Faut-il toujours que tu me contredises ? **4.** Il n'aurait pas fallu que tu marches avec ta cheville foulée. **5.** Il ne faut pas que tu t'inquiètes. Vous vous entendrez très bien. **6.** Je lui ai dit qu'il fallait qu'elle prenne sa carte de crédit. **7.** Il faut que j'aille à la poste avant qu'elle ne ferme. **8.** Il faut que tu écrives à ta grand-mère pour la remercier du beau cadeau qu'elle t'a fait. **9.** Il ne faut pas que tu te couches trop tard. **10.** Je t'avais dit qu'il faudrait faire la queue pendant une heure.

XIII. PRÉPOSITIONS ET PARTICULES VERBALES

1. VERBES ET PRÉPOSITIONS

■ **Verbes prépositionnels :** la préposition introduit un complément d'objet.
Ex. : *Wait for me!*
Belong (to), look (at/after/for), wait (for), listen (to), rely (on), complain (to someone/about something), agree (with s.o., about s.th.), apply (to s.o./for s.th.).

■ Certains verbes ne fonctionnent pas de la même façon dans les 2 langues.

- Complément prépositionnel en anglais → c.o.d. en français :

  Wait for me! = Attends-moi ! (*look at, listen to,* etc.)

- Complément prépositionnel en français → c.o.d. en anglais :
  Ask Laura. = Demande à Laura. (*ask, answer, doubt, enter, forgive, marry, obey,* etc.)

■ **Pas de préposition** quand le complément d'objet ne figure pas dans la phrase :

complément d'objet	pas de complément d'objet
What are you waiting for? *I'm waiting for a phone-call.*	*Where shall I wait?* *You needn't wait.*

■ **Verbes transitifs prépositionnels :** ils sont suivis de 2 compléments, un complément direct et un complément prépositionnel.

- Une seule structure possible, avec préposition : *accuse (of), remind (of), invite (to), borrow (from), steal (from)...*
  She reminds me of someone I knew.

- Une seule structure possible, sans préposition : *allow, cost, envy, forgive, charge* (faire payer), *refuse...*
  I can't refuse him anything.

- Deux structures possibles, avec ou sans préposition, selon la nature des compléments (verbes du type *give*) :
  — *give, bring, leave, lend, promise, send, show, teach, tell... +to*
  — *buy, make, leave, bring... + for.*

Les 2 compléments sont des pronoms	Autres cas
Le c.o.d. est un pronom personnel : *Give it to him.* Le c.o.d. est un possessif : *Give him yours.* Le c.o.d. est un démonstratif ou un quantificateur : *Give him this/some.* *Give this/some to him.*	Complément d'attribution + c.o.d. (cas le plus courant) : *I'll lend Laura/her my racket.* Ou c.o.d. + préposition + complément d'attribution : *I'll lend my racket to Laura/her.*

■ **La préposition introduit un complément circonstanciel.**

- Prépositions de lieu : *at, to, from, in, inside, into, out of, outside, across, through, above, over, off...*
  She's waiting in your office.
- Prépositions de temps : *in time, on Monday(s), at night, by day, for 3 hours, during the conference, till tomorrow, since 3 o'clock...*
- Prépositions composées : *out of, next to, in front of, instead of...*

■ Ne pas confondre :

at situation : *I'll see you at school.* avec agressivité : *He threw a stone at the dog.*	***to*** déplacement : *I'm going to school.* sans agressivité : *He threw the ball to the dog.*
across = à travers une surface : *across the street (sea, page...)*	***through*** = à travers une épaisseur : *through the forest (wall, window...)*
for + quantificateur = toute la durée citée : *How long? For 3 hours.*	***during*** + une partie de la période citée : *When? During the night.*
like (comparaison) + G.N. = préposition → Le sujet et le complément sont deux personnes différentes : *She speaks like my mother.*	***as*** (comparaison) + G.N. = préposition → Le sujet et le complément sont une seule personne : *As your mother, I can tell you...* + subordonnée = conjonction : *She always does as she is told.* *He walked as in a dream (= as he would walk in a dream).*

Place de la préposition

- Cas général : après le verbe, et avant le complément qu'elle introduit.
- Cas particuliers.
  — Interrogatives : *What will you open the bottle with?*
  — Exclamatives : *What terrible times they live in!*
  — Passives : *The children will be taken care of.*
  — Relatives (relatif zéro) : *The man you saw me with is my brother.*

97. Complétez ces phrases à l'aide de prépositions de lieu.
1. We could meet ... the bus stop ... Berkeley Square. **2.** Take your shoes ... the table, will you? **3.** What did you expect him to do with a gun pointing ... him? **4.** He walked ... a pub and sat down ... the bar. He could not see the road ... where he was. After a few drinks, he staggered *(tituber)* ... the place, back ... the cold night air. There, hiding in the doorway of a house ...the road, was someone watching him.

98. Choisissez parmi les prépositions proposées celle qui convient pour compléter la phrase.

1. They live in the flat just ... ours.
a. on b. on top of c. above d. at
2. He walked ... O'Connell Street until he reached the marketplace.
a. by b. beside c. about d. along
3. The doctor leaned ... the sick child.
a. above b. on top of c. on to d. over
4. They stood on the top of the hill, contemplating the valley ... them.
a. under b. below c. down d. from
5. Who are your favorite actors ... Matt Dillon?
a. besides b. beside c. but d. with
6. He would sit ... the window for hours, just watching people come and go.
a. by b. besides c. through d. off
7. The thieves divided the loot *(butin)* ... the four of them.
a. in b. among c. through d. over
8. There must be a lot of dust ... this bookcase.
a. above b. over c. on top of d. on to
9. I went to see Dr Kirk ... the lunch hour.
a. for b. at c. during d. in
10. I have not been feeling well ... two weeks.
a. on b. during c. by d. for.

99. Complétez ces phrases avec *like* ou *as*.
1. Even though I am 32, my parents still treat me ... a child. **2.** Betty has found a job ... a nurse. **3.** Using her umbrella ... a weapon, she bashed her assailant on the head. **4.** She makes apple pie ... her mother did. **5.** But her apple pie does not taste ... her mother's. **6.** Everybody regards him ... a genius. **7.** All that glitters is not gold, ... people say. **8.** I want an electric train ... the one I saw in the toy shop. **9.** He looks very much ... his brother. **10.** Things do not happen in real life ... in fiction.

100. Les verbes du type *give* (transitifs prépositionnels). Répondez en remplaçant les deux compléments par des pronoms. Lorsque deux réponses sont possibles, donnez-les toutes les deux.

Ex. : — Did you give Sarah the message?
— Yes, I gave it to her. *(Une seule réponse possible)*

1. Did you leave some milk for the cats? **2.** Did he buy the new best-seller for his girlfriend? **3.** Did anybody send their best wishes to you? (*utilisez :* John - his) **4.** Did anybody lend a bicycle to George? (*utilisez :* I-mine) **5.** Did he show the photograph to his friends? **6.** Did she read a long story to the children? **7.** Did she make several dresses for her daughter? **8.** Did she tell the anecdote to her neighbours? **9.** Did you give the donkey *(âne)* the carrots that were left? **10.** Did they promise a lot of money to the bounty-hunter *(chasseur de primes)*?

101. Complétez la définition d'au moins dix façons en choisissant un élément dans chaque colonne. Attention, la préposition est rejetée en fin de phrase (relatif zéro).

Ex. : Happiness is friends to talk to.

Happiness is...

good friends	look back	with
a warm home	listen	in
an armchair	hope	on
someone	confide	to
something	read	after
pleasant memories	have fun	for
a few records	choose	from
a dog	go	
several good books	relax	
	look forward	
	go back	

*102. Traduisez ces phrases en vous demandant à chaque fois si le verbe doit être ou non suivi d'une préposition. Soulignez le verbe et la préposition quand il y en a une.

1. Regarde de ce côté. **2.** J'ai attendu trop longtemps. **3.** Qu'est-ce que tu attends ? **4.** Regarde ce que tu as fait ! **5.** Cherche ta balle. **6.** Cherche attentivement. **7.** A qui l'as-tu prêté ? **8.** Il a écouté derrière la porte. **9.** Il volait tout le monde. Il volait même sa grand-mère. **10.** Il n'a jamais pardonné à son frère.

2. VERBES ET PARTICULES VERBALES

■ **Particules usuelles :** *about, across, along, apart, away, back, by, down, in, off, on, out, round, through, up.* Toutes sauf quatre *(apart, away, back, out)* sont aussi utilisées comme prépositions (voir XIII.1.).

■ **Rôle de la particule**

- La particule fait partie intégrante du sens du verbe :
  Switch off the radio. (Éteins...)
  Switch on the T.V. (Allume...)
- Elle modifie carrément le sens du verbe (*give/give up* = donner/renoncer), ou bien le nuance (*give/give out* = donner/distribuer).
- Cas particulier : Parfois, il n'y a aucune modification du sens : *He kept singing.* = *He kept on singing* (continuer).

■ **Place de la particule**

- Avant le complément s'il est très long : *She gave back all the books she had borrowed.*
- Après le complément si c'est un pronom : *She gave them back.*
- Avant ou après s'il n'est pas très long : *She gave back the books.*
  She gave the books back.

3. PRÉPOSITION OU PARTICULE ?

■ **La préposition** fait partie du groupe complément et elle n'est pas accentuée :
He slept on the sofa.

La particule fait partie du verbe et elle est toujours accentuée.
He slept on till five.

■ Quand on supprime le complément, la préposition disparaît.
Wait for me! → *Wait!*
He didn't listen to you. → *He didn't listen.*

la particule reste.
Switch off the lights! → *Switch off!*
I can't go on working. → *I can't go on.*

■ Une particule peut être suivie d'une préposition (jamais l'inverse).
He hasn't come back from the supermarket.
They climbed up to the top.

4. TRADUCTION DES VERBES DE MOUVEMENT

He [*ran*] [*out.*]	ANGLAIS	V. de mouvement indiquant la manière de se déplacer.	+	particule/ préposition indiquant la direction.
Il [sortit] [en courant.]	FRANÇAIS	V. de mouvement indiquant la direction.	+	Compl. indiquant la manière de se déplacer.

Autres exemples : *He drove away. – He jumped out. – She rode back. – They swam away.*

*103 **Complétez chaque phrase avec l'une des particules suivantes : *up, through, out, off, in, over.***

1. It took the firemen three hours to put ... *(éteindre)* the fire. **2.** The plane is to take ... *(décoller)*. **3.** I cannot make ... *(comprendre)* the reason why he left. **4.** Do not put ... *(remettre à plus tard)* what you can do today. **5.** When you are tired of driving, I'll take ... *(prendre le relais)*. **6.** They quarrelled last week but they have made it ... *(se réconcilier)* since. **7.** I'll put ... *(placer)* a word in your favour. **8.** Have you made ... your mind *(prendre une décision)* yet? **9.** It took me a moment to take it all ... *(comprendre)*. **10.** Miss Debs, could you put me ... *(mettre en communication téléphonique)* to our overseas branch, please?

*104. **Complétez les amorces de phrases au moyen des éléments donnés en faisant attention à la place du complément d'objet. Lorsque deux solutions sont possibles, donnez-les toutes les deux.**

1. fill in a. two copies of the application form b. them
Will you please ... ?
2. pick up a. it b. the paper that you have just dropped c. this paper.
I want you to... at once.
3. ring up a. Mary b. her c. a friend I haven't seen for ages
I'm going to .... .
4. take off a. it b. your T-shirt
You'd better .... .

*105. Complétez les extraits suivants avec les particules et prépositions qui conviennent.

a. They registered (**1**) ... the Hotel Excelsior (**2**) ... Naples (**3**) ... Friday evening just (**4**) ... cocktail time. Their afternoon flight (**5**) ... Zurich had gone (**6**) ... (**7**) ... incident, (**8**) ... Anne's vague forebodings *(appréhension)*.
The desk clerk examined their registration card (**9**) ... a perfunctory *(négligent)* manner, after Arthur had filled it (**10**) ... .

b. Anne turned (**1**) ... the room (**2**) ... the balcony (**3**) ... an abrupt movement. "Don't open it, Arthur," she said urgently. "Please don't." She seemed suddenly deflated; all her excitement drained (**4**) ... her, to be replaced (**5**) ... anxiety.
Benson answered, "But the man (**6**) ... Zurich said —"
"I don't care what he said!" she interrupted fiercely "We were mad to listen (**7**) ... him! To come here (**8**) ... this hotel (**9**) ... such an errand *(course)* (**10**) ... the recommendation of a total stranger! It's dangerous, Arthur!"

James Holding, *Contraband.*

*106. Répondez aux questions en remplaçant le complément par un pronom. Attention à la place du pronom selon que vous avez affaire à une préposition ou à une particule.

Ex. : — Did he turn down the offer! — Yes, he turned it down. *(particule)*
— Did he listen to you? — Yes, he listened to me. *(préposition)*

1. Did you turn off the gas? **2.** Did he show in the Joneses? **3.** Did the rock break off the mountain? **4.** Did you ask about the price? **5.** Did he leave about the things he no longer wanted? **6.** Did they close down the shop? **7.** Did he fall down the stairs? **8.** Did the dog knock over the chair? **9.** Did Concorde fly over your house? **10.** Did they push in the button?

*107. Traduction des verbes de mouvement. Choisissez un élément dans chacune des cases ci-dessous afin de traduire les phrases proposées.

Ex. : Il traversa la rivière à la nage.
→ *He swam across the river.*

run — crawl *(ramper)* — stroll *(se promener)* — jump — creep *(se déplacer furtivement)* — stride *(marcher à grandes enjambées)* — hurry — sail — stagger *(trébucher)*	under — along — past — round — through — into — up — out of

1. L'enfant se glissa sous le lit. **2.** Il sortit de la maison en courant. **3.** Il veut faire le tour du monde en bateau. **4.** D'un bond, il fut dans la voiture. **5.** Il traversa la forêt à grandes enjambées. **6.** Elle passa près de moi en courant. **7.** Elle passa devant la librairie en pressant le pas. **8.** Il monta furtivement l'escalier. **9.** Il parcourut la rue en trébuchant. **10.** Nous avons descendu l'avenue en nous promenant.

XIV. ADVERBES

1. ADVERBES DE TEMPS

	LISTE	POSITION	EXEMPLES
moment	*tomorrow, today, yesterday, tonight, afterwards, late...*	Début ou fin de phrase	*Tomorrow, we'll go shopping.* *Did you see him yesterday?*
fréquence	*always, ever, often, sometimes, usually, never, seldom, rarely...*	Avant le verbe Après le 1er auxiliaire Après *be*	*She often makes mistakes.* *Have you ever played chess?* *Is he always busy?*

■ ***Still, yet, again, already, ever:*** attention aux confusions possibles avec les adverbes français « jamais », « encore », « déjà ».

ENCORE	***still***	[+] [–] [?]	Si l'action dure : *He is still phoning. – I still don't know.* (toujours)
	again	[+] [–] [?]	Si l'action se répète : *He has failed again.* (de nouveau)
	yet	[–]	*I have not finished yet.* (pas encore)
		[+] rare	*There are things yet to be done.*
DÉJÀ	***already***	[+] [–] [?]	*Have you had lunch already?* (Étonnement)
	yet	[?]	*Has she arrived yet?* (On attend son arrivée.)
	yet	[+] doute	*I wonder whether she has arrived yet.*
	ever	[?]	*Have you ever been to India?* (Au moins une fois)
JAMAIS	***never***	[–]	Sans autre mot négatif dans la phrase : *Sam has never invited her.*
	ever	[+] [?]	*Have you ever played chess?* (Au moins une fois) *She's the best teacher I've ever had.*
	ever	[–]	Avec un autre mot négatif dans la phrase : *No one has ever invited her.*

2. ADVERBES DE DEGRÉ

	LISTE	POSITION	EXEMPLES
intense	*very, quite, so, too, much, greatly, terribly, awfully...*		*I quite agree.* (tout à tait) *It's too difficult. She was terribly upset. That's awfully kind of you.*
modéré	*nearly, fairly, quite, rather, almost...*	Avant le mot qu'ils modifient.	*It's fairly/quite easy.* (assez) *He was almost killed.*
à sens négatif	*hardly, barely, scarcely...*(à peine, presque pas)		*I hardly ever see him.* (Je ne le vois presque jamais.)
	very much	Fin du G.V.	*I like him very much.*
	enough	Après l'adjectif, le V., l'adverbe.	*He isn't strong enough. I haven't slept enough.*
		Avant le nom.	*There aren't enough glasses.*

■ Ne jamais associer un adverbe à sens négatif à un autre mot négatif (*not, none, no* et ses composés, *neither*). Pour éviter cela, faire les transformations suivantes :

— *never* → *ever. No one ever comes.* (Personne ne vient jamais.)

— *no* (+ composés) → *any* (+ composés). *Hardly anything.* (Presque rien.)

108. À quel endroit de la phrase se place l'adverbe en italique ? (Il y a parfois plusieurs possibilités.)

1. I (a) don't (b) like his jokes (c). *always* **2.** I liked (a) the music (b), but I didn't (c) like the costumes (d). *very much* **3.** Linda and Chloe (a) look (b) alike (c). *very much* **4.** Jane (a) typed (b) a long letter (c). *very quickly* **5.** We (d) could (b) have (c) had sandwiches (d). *always* **6.** Have (a) his plays (b) been (c) performed in town (d)? *ever* **7.** She was (a) affected by the news (b). *very much* **8.** He (a) looked (b) at her (c). *lovingly* **9.** He has (a) gone (b) to see (c) a horror movie (d). *again* **10.** He (a) drank (b) his tea (c). *noisily.*

109. Placez les mots entre parenthèses à leur place.

1. He went (to school/yesterday/early). **2.** Johanna broke her leg (last week/unfortunately/while she was skiing). **3.** The old lady was killed (in the middle of the night/with a gun). **4.** He was reading a book (quietly/in his bedroom/when he heard a strange noise/suddenly). **5.** The captain was assassinated (yesterday/in a grenade attack/on his car/as he was going to the airport). **6.** I go to work (usually/by bus/in winter). **7.** I met Teresa (a few days ago/in the street). **8.** My children have lunch (always/at school). **9.** Pupils should listen (to their teachers/always/very carefully). **10.** We'll go to Florida (probably/next summer).

110. Complétez en utilisant *ever* ou *never* selon le cas.

— Have you (**1**) . . . been to California?
— No, I've (**2**) . . . been there, but I'd love to!
— It's the most beautiful country I've (**3**) . . . seen. If you (**4**) . . . go there, I'll give you a few tips.
— I don't think I'll (**5**) . . . have enough money to make the trip.
— You (**6**) . . . know. Why don't you bet on horses? You might win.
— No, I (**7**) . . . bet on horses and I don't think I (**8**) . . . will. I must just start saving up.

*111. Traduisez ces phrases en utilisant pour chacune l'un des adverbes suivants : *ever, never, still, already, again, yet.*

1. Le dîner n'est pas encore prêt. **2.** Il faut encore que je mette le couvert. **3.** J'en ai assez, tu as encore triché ! **4.** Si jamais tu y vas, téléphone-moi. **5.** Je ne crois pas que je le saurai un jour. **6.** A-t-on jamais vu quelqu'un d'aussi égoïste ? **7.** Rien n'a jamais été fait dans ce domaine. **8.** J'espère que tu n'as pas déjà jeté cette boîte. **9.** J'en ai encore besoin. **10.** Elle a travaillé dur, sans jamais se plaindre.

*112. Les adverbes à sens négatif. Introduisez l'adverbe dans la phrase sans en bouleverser le sens. N'oubliez pas de faire les transformations nécessaires.

1. We couldn't see anything. (hardly) **2.** He does not speak to anybody. (rarely) **3.** She does not go anywhere these days. (seldom) **4.** She never goes out. (hardly) **5.** Nobody has heard the news yet. (scarcely) **6.** The journalists gave no details. (barely) **7.** He tells no one about his little problems. (rarely) **8.** We no longer drink coffee. (hardly) **9.** He thinks of nothing else. (scarcely) **10.** We can afford neither caviar nor champagne. (rarely).

*113 Les adverbes à sens négatif.

a.* Complétez avec l'un des mots suivants : *someone, no one, anyone, something, no, any, nothing.

1. . . . is always the matter. **2.** There was hardly . . . . **3.** . . . ever helps me. **4.** I seldom eat . . . sugar. **5.** . . . has been done yet.

***b.* Remplacez le mot en italique — quand il y en a un — par le mot donné entre parenthèses, ou bien ajoutez simplement ce dernier. Faites les modifications nécessaires dans la phrase, s'il y en a.**

1. *Sam* will never know. (no one) **2.** She *never* eats any fattening food. (scarcely) **3.** He was born in Japan, but he speaks no Japanese. (hardly) **4.** We have *already* bought the tickets. (not yet) **5.** Have you *already* been to the Hopper exhibition? (yet)

3. ADVERBES DE MANIÈRE, D'OPINION, DE LIAISON

	LISTE	POSITION	EXEMPLES
MANIÈRE	*coldly, slowly, scornfully, lovingly...*	Variable mais ne jamais séparer le v. du c.o.d.	*He walked slowly to the door.* *He spoke to her respectfully.* *He kindly asked her to stay.*
OPINION	*honestly, frankly, actually, luckily, fortunately...*	Souvent en tête de phrase, séparés par une virgule.	*Fortunately, he had a life-jacket.* *Frankly, I don't approve of this.*
LIAISON avec la phrase précédente	*however, therefore, besides, yet, consequently...*		*He plays the piano very well, and yet* (pourtant), *he's never been taught.*

4. PRINCIPAUX ADVERBES DE PROBABILITÉ

Attention à leur correspondance avec les auxiliaires modaux (voir XI. 2.).

ADVERBES	MODAUX	EXEMPLES
surely, most likely, probably, undoubtedly	*must*	*She was most likely delayed. (She must have been delayed.)*
adverbes ci-dessus + *not*	*can't/couldn't*	*She did not cheat. (She can't have cheated.)*
probably, likely	*should*	*That will probably be easy. (That should be easy.)*

probably... not, not likely	*should not*	*That is not likely to explode. (That should not explode.)*
possibly, maybe, perhaps	*can/may*	*Maybe she's ill. (She may be ill.) They've possibly gone already. (They may have gone...)*
maybe... not	*may not*	*Maybe she is not in. (She may not be in.)*

114. Les adverbes terminés en *-ly* : adverbes de manière ou de degré. Complétez.

1. The old woman was deaf. He had to speak ... **2.** You're going too fast! Could you drive more ..., please? **3.** She's going to a party; she's dressed very ... **4.** He looked at her ... and kissed her. **5.** There was ice on the road. So he drove very ... **6.** The bus wasn't coming, so the boy waited in the queue ... **7.** He was ... kind to me. **8.** Geneviève, who's been living in Dublin for five years, speaks English ... **9.** When the little girl spilt ink on the carpet, her mother spoke to her ... **10.** There wasn't any noise in the classroom; the children were working ...

115. Formation des adverbes de manière : adjectif + *ly*. Formez des adverbes de manière en suivant les divers modèles donnés. Puis traduisez-les.

adjectif → *adverbe* (= *traduction*)
1. basic → basically *(= au fond, fondamentalement)*
automatic → ... (= ...)
sarcastic → ... (= ...)
2. simple → simply *(= simplement)*
gentle → ... (= ...)
incredible → ... (= ...)
terrible → ... (= ...)
3. happy → happily *(= joyeusement)*
merry → ... (= ...)
heavy → ... (= ...)
4. dry → dryly *(= sèchement)*
shy → ... (= ...)
sly → ... (= ...)

verbe → *adjectif* → *adverbe*
5. love → loving → lovingly *(= amoureusement)*
reassure → ... → ... (= ...)
mock → ... → ... (= ...)
know → ... → ... (= ...)
hesitate → ... → ... (= ...)

nom → adjectif → adverbe
6. noise → noiseless → noiselessly *(= sans bruit)*
care → . . . → . . . (= . . .)
fear → . . . → . . . (= . . .)
help → . . . → . . . (= . . .)
heart → . . . → . . . (= . . .)
7. hope → hopeful → hopefully *(= avec de la chance)*
purpose → . . . → . . . (= . . .)
scorn → . . . → . . . (= . . .)
power → . . . → . . . (= . . .)
faith → . . . → . . . (= . . .)

116. Adjectif ou adverbe ? Complétez à l'aide de l'adjectif entre parenthèses ou bien de l'adverbe correspondant (voir ex. n° 115).

1. He was . . . to him. (scornful) **2.** I've got very . . . neighbours. (noisy) **3.** He looked . . . to me. (scornful) **4.** He spoke to him . . . . (scornful) **5.** He remained . . . to his cause. (faithful) **6.** The dean, . . . of tradition, wouldn't change anything in the organisation of the college. (respectful) **7.** How . . . you spoke to him ! (rude) **8.** You couldn't have acted more . . . . (patient) **9.** He was . . . asked to resign. (tactful) **10.** He proved . . . in the end. (skilful)

*117. Adverbes de probabilité. Reformulez ces phrases en utilisant un adverbe au lieu d'un modal pour exprimer le même degré de probabilité.

Ex. : She must have been delayed.
→ She was most probably delayed.

1. I haven't seen him for a week. He must be on holiday. **2.** They're late, they must have stopped at the pub. **3.** She won a silver medal! You must have been very proud of her. **4.** This man can't be a thief! **5.** He loved his wife dearly, he can't have killed her! **6.** She may be an actress. **7.** They may come for a drink tonight. **8.** — Where's the ink? — It should be in the top drawer. **9.** Changing the wallpaper shouldn't be too difficult. **10.** She may not accept, but let's ask her all the same.

XV. LE PASSIF

■ Caractéristiques d'une phrase passive

L'auxiliaire *be* (conjugué) est suivi du participe passé du verbe :
Invitation cards were sent/have been sent/will be sent.

↓	↓	↓	↓
sujet	V	V	V

Le sujet de la phrase ne fait pas l'action.

■ **Le passif peut être associé à tous les temps,** même le progressif *(a),* à un auxiliaire modal *(b),* au gérondif *(c),* à l'infinitif *(d)* :

(a) *The room is being painted.*
The bridge was being built.
(b) *The milk must be thrown away.*
(c) *He likes being admired.*
(d) *He expects to be promoted.*
He seemed to have been shaken.

■ À quoi sert le passif ?

À mettre l'accent sur celui qui ne fait pas l'action (en le plaçant en tête de phrase), que l'on mentionne le complément d'agent *(a)* ou non *(b).*
(a) What happened to your dog? He was run over by a car.
(b) My friend, who had been arrested wrongly, was released.

■ Le passif avec ou sans complément d'agent.

— Sans complément d'agent (le plus souvent) quand l'agent est évident *(a),* inconnu *(b),* sans importance *(c),* ou qu'on ne veut pas le nommer *(d)* :

(a) *Refreshments will be served.*
(b) *The key has been lost.*
(c) *Don't worry, the dog will be fed.*
(d) *You were seen stealing books.*

— Avec un complément d'agent (introduit par *by*) quand cela apporte une information utile :
I was woken up by the birds. – He was betrayed by his own brother.

■ Avec quels verbes peut-on utiliser le passif ?

- En français, on n'utilise le passif qu'avec les verbes transitifs. En anglais, on l'utilise avec presque tous les verbes (exception : les verbes de mouvement, les verbes intransitifs sauf *sit, live, sleep,* quelques verbes prépositionnels et *like, prefer*).
- **Verbes transitifs** (suivis d'un c.o.d.) : *The car has been repaired.*
- **Verbes prépositionnels** (dont le c. d'objet est introduit par une préposition) : *The children have been well looked after.*
- **Verbes à particules :** *They were brought up by their grandmother.*

- **Transitifs prépositionnels,** du type *give* (voir liste : XIII. 1. 2.) Ces verbes sont suivis de 2 compléments :
  They gave the men a hot drink. → 2 structures passives sont possibles :
  ↓ ↓
  c. 1 c. 2

  → la plus courante = passif « anglais » :
  The men were given a hot drink
  ↓
  suj. = c. 1

  → plus rare = structure semblable au français :
  A hot drink was given to the men.
  ↓
  suj. = c. 2

- **Verbes *have, make, want.***

  — *have, make, want* à l'actif + complément + participe passé à sens passif (sans *be*) :
  He made himself understood. (Il s'est *fait comprendre.*)
  I've had my windows cleaned. (J'ai *fait nettoyer...*)
  I want this case delivered to my place. (Je *veux* que ce soit *livré...*)

  — *make* au passif + infinitif :
  He was made to reveal all he knew. (On l'a contraint à révéler...)
  Autres verbes possibles : *allow, force, oblige, order, remind, request.*

- **Verbes servant à présenter une information, une croyance, une opinion** *(believe, consider, declare, expect, know, repute, say, suppose) :* passif suivi de l'infinitif.
  Bears are reputed to be dangerous.
  They are believed to have left the country.

- **Traduction de certains verbes pronominaux français :** « ça se mange, se boit, se voit, se porte, s'achète, ... »
  It isn't done. (Ça ne se fait pas.)
  It can be eaten cold. (Ça se mange froid.)

■ Le passif anglais au lieu du pronom français « on »

Phrases passives en anglais, mais phrases actives en français, ayant pour sujet le pronom « on »,

— quand l'agent est inconnu :
A key has been found. (On a trouvé une clé.)

— quand le passif n'est pas possible en français : verbe prépositionnel *(a),* verbe transitif prépositionnel *(b), make, have, want (c).*
(a) He's been well looked after. (On s'est bien occupé de lui.)
(b) He's been given the job. (On lui a donné le poste.)
(c) He was made to understand. (On lui a fait comprendre.)

118. **Voici le pense-bête que Mme Simpson a laissé à sa famille. Chacun y a coché (V) ce qui a été fait. Faites le bilan de ce que Mme Simpson trouve à son retour (au parfait passif).**

Ex. : The dog has not been given his Dog-O.

0. Give the dog his Dog-O.
1. Feed the canary. V
2. Water the begonias.
3. Hoover *(passer l'aspirateur dans)* the sitting-room. V
4. Iron Doug's shirt.
5. Do the washing. V
6. Hang it in the back garden. V.
7. Sweep the garage floor.
8. Cancel *(annuler)* the milk order for tomorrow.
9. Change the light bulb *(l'ampoule électrique)* in the kitchen.
10. Repair the leak *(la fuite)* in the bathroom. V

119.** **Passif associé à un auxiliaire modal. Complétez chaque phrase pour qu'elle ait le même sens que la précédente en utilisant le passif et un des modaux suivants : *should, must, can, could, would, may.

1. Keep all dogs on a leash *(en laisse)* ! All dogs ... **2.** It is better to service *(réviser)* cars regularly. Cars ... **3.** Do not park cars in this area. Cars ... **4.** It is impossible to open this door. This door ... **5.** He probably sent the letter to the wrong address. The letter ... **6.** Maybe he was held up in a traffic jam. He .... **7.** It is possible the shop will sell these dresses at a discount next week. These dresses ... **8.** It was not a stranger who killed Rosy Lee, I am sure of it. Rosy Lee ... **9.** It would be possible to do this work in two hours. This work ... **10.** The doctor had all the instruments necessary for an emergency operation. He lost no time. If the doctor had not had all the instruments necessary for an emergency operation, a lot of time ....

***120.** **Mettez le verbe entre parenthèses au passif et au temps qui convient : présent ou prétérit, simple ou progressif.**

1. The animals ... twice a day. Look! They ... now. (feed) **2.** As I was on my way home, I suddenly realised I .... (follow) **3.** Your car has been repaired but you can't have it now. It .... All the cars brought to our workshop ... after repairs. (test) **4.** The building ... when it suddenly collapsed. (renovate) **5.** Yesterday, little Sarah Lewis ... lying unconscious at the bottom of a cliff. She has now recovered and at present she ... to find out how the incident occurred. (find / question) **6.** They have not quite finished shooting the film. The last scenes ... on location *(en extérieurs)*. (shoot) **7.** — Isn't there a love scene in the film? — Yes, it ... right now. (shoot)

***121.** **Mettez ces phrases au passif. Ne mettez le complément d'agent précédé de *by* que si cela est utile.**

1. The Queen opened a new hospital yesterday. **2.** They will open a new motorway next week. **3.** Someone has cut all the roses. **4.** You can cash these traveller's cheques anywhere. **5.** The actors are rehearsing *(répéter)* the play. **6.** Nobody should disturb the animals. **7.** The glitter *(éclat)* of Rebecca's jewels dazzled everybody. **8.** You should leave this vase where it is. **9.** It was Nigel, not Keith who took the photograph. **10.** The bystanders *(badauds)* realised too late that pickpockets had robbed them of their wallets.

*122. Ajoutez la préposition qui convient (choisie dans la liste proposée) et mettez chaque phrase au passif.

at - for - into - of - in - to

1. Someone asked ... a rare dish. **2.** They listened ... the record in silence. **3.** People often shouted ... the dog. **4.** Nobody can account ... his behaviour. **5.** You should not laugh ... people's peculiarities. **6.** They carefully looked ... his police record *(casier judiciaire)*. **7.** They sent ... the doctor. **8.** Nobody completely approved ... the new measures. **9.** No one has lived ... this house for a long time. **10.** People unanimously disapproved ... the decision.

*123. Complétez ces réponses à l'aide d'un passif « anglais ».

Ex. : Why did he check everybody's bag? (ask)
→ Because he had been asked to do so.

1. — Who will get the first prize? (award) — I think Tim ... **2.** — Why do these children behave so badly? (teach) — Because they ... good manners. **3.** — Why didn't they leave the country? (refuse) — Because ... a visa. **4.** — What did you get for your birthday? (give) — I ... cookbook. **5.** — Did you buy that stereo equipment? (lend) — No, ... **6.** — Why did the children stay up so late? (grant) — Because ... permission. **7.** — Did you manage to sell your old car? (offer) — Yes, ... a good price for it. **8.** — Did they tell him the whole truth? (tell) — Yes, ... **9.** — Do I have to prepare my answers before the interview? (ask) — Yes, ... a lot of questions. **10.** — Could they get into the Private Club? (deny) — No, ... admittance.

*124. Mettez ces phrases au passif. Ne mettez un complément d'agent que si cela apporte une information utile. Si un verbe peut avoir deux constructions passives, utilisez celle qui est la plus couramment employée.

EXOTOURS Programme 647 July 10-July 24

1. We will fly you to your destination in a supersonic jet. **2.** Gina, our local representative, will meet you at the airport. **3.** We will transfer you to your hotel in a comfortable coach. **4.** Peter, our expert on the region, will give you all the information you need. **5.** We will take you around the city's famous historical landmarks. **6.** For your entertainment, we will organize visits to the liveliest night spots. **7.** Our charming hostesses will teach you local dances. **8.** Chuck, a rally-driver with years of experience, will drive you across the rugged *(accidenté)* terrain of the Southern region. **9.** He will show you dinosaur tracks and beautiful natural landscapes. **10.** And during your stay, we will leave you plenty of free time for shopping.

*125. Répondez aux questions le plus simplement possible en utilisant les verbes entre parenthèses au passif.

Ex. : Why do people avoid walking under ladders? (repute)
→ It is reputed to bring bad luck.

1. What do you know about the number 13? (suppose) **2.** What do people say about the British weather? (repute) **3.** When will the Chunnel be finished? Before or after the year 2000? (expect) **4.** Which is more difficult? English or Italian? (consider) **5.** Which of the two is bad-tempered? Mickey Mouse or Donald Duck? (know) **6.** According to our ancestors, what shape was the earth? (believe) **7.** Why was Joan of Arc burnt? Was she accused of being a spy *(espionne)* or a witch *(sorcière)*? (declare) **8.** Who introduced the potato into France? (say) **9.** Who killed Goliath, the giant? (report) **10.** Why were Sacco and Vanzetti executed? Was it for passing secret information to a foreign power or for taking part in a hold-up? (suppose)

126. Le passif pour traduire certains verbes pronominaux français. Traduisez.

1. Cette sorte de bruyère *(heather)* ne se trouve qu'en Écosse. **2.** Sa voix s'entendait dans tout l'immeuble. **3.** Son château se voyait de loin. **4.** Ce fromage peut se manger froid ou chaud. **5.** Ce vin blanc se boit généralement avec des coquillages *(shellfish)*. **6.** Ça s'enlève facilement. **7.** Ça ne s'achète qu'en pharmacie. **8.** Où peut-on se procurer les informations ? **9.** Ça peut se faire. **10.** Ça se conserve au réfrigérateur.

*127. *Have* + complément + p. passé.
Associez le spécialiste auquel Mme Green a fait appel avec ce qu'elle lui a demandé de faire.

Ex. : She went to the hairdresser's to have her hair cut.

Where she went	Things to do
0. the hairdresser's	cut her hair
1. the photographer's	dye *(teindre)* her hair
2. the dry-cleaner's	reserve two seats on the 9 o'clock flight to London
3. the builder's	take her photograph for a passport
4. the professional gardener's	fix the waterpipe
5. the vet's	build an extension to the house
6. the dentist's	clean her husband's jacket
7. the travel agency	examine her dog Fido
8. the plumber's *(plombier)*	shorten a skirt
9. the dressmaker's	landscape *(aménager)* the garden
10. the hairdresser's	pull out a tooth

*128. Mettez chaque verbe au temps qui convient en utilisant le passif lorsque cela est nécessaire.

A passenger who (**1.** to ask) . . . to put his cigarette out on a flight to Atlantic City (**2.** to attack) . . . the pilot and (**3.** to knock) . . . the aircraft (*l'avion*) off course before he (**4.** to subdue = *maîtriser*) . . . . When (**5.** to haul = *traîner*) . . . off the plane by police, his first request (**6.** to be) . . . for a cigarette.

PC (= Police Constable) Eric Goodwin (**7.** to lose) . . . his false teeth down the lavatory in Shrewsbury and they (**8.** now/to find) . . . in the sewers *(les égouts).*

French interpreter Judith Sacchi, 38, who (**9.** to smuggle = *faire passer en fraude*) . . . a cat into Britain in a shopping basket, (**10.** to fine = *condamner à une amende*) . . . £300 in London for breaking anti-rabies laws *(les lois de protection contre la rage).*

The Guardian (5/1/1986)

*129. Traduire ces phrases passives. Toutes peuvent être traduites par des phrases actives dont le sujet est le pronom « on ».

1. He is being treated for a nervous breakdown. **2.** The business will be seen to. **3.** I would be delighted to be offered an antique clock for my birthday. **4.** Won't he be surprised to be offered a job abroad? **5.** He went red when spoken to. **6.** Everything was silent. There was not a sound to be heard. **7.** Linda! You're wanted on the phone! **8.** The children were made to stay quiet. **9.** The house was later reported to be haunted. **10.** I hate being told what to do.

XVI. LES PHRASES INTERROGATIVES

■ On distingue **deux types de questions :**

— sans mot interrogatif ; demandant une réponse commençant par *Yes* ou *No*,
— avec mot interrogatif (= *Wh-* car tous commencent par ces deux lettres, sauf *how*).

	MOT INTERROGATIF COMPLÉMENT	1er AUXILIAIRE	SUJET	(AUTRES AUX.) + VERBE	COMPLÉMENTS
Yes/ No		*Does*	*he*	*know*	*the truth?*
Wh	*Who* *What*	*did* *could*	*you* *the police*	*see* *have done?*	*yesterday?*
			Wh-sujet *Who* *What*	*knows* *happened?*	*Sarah?*

■ **Ne pas imiter le français** qui a diverses formes de questions :
(a) Tu viendras ? (b) Ça veut dire quoi ? (c) Où tes parents sont-ils nés ? (d) Quand est-ce qu'ils arrivent ?

→ En anglais, une seule structure :
(a) *Will you come?* (b) *What does it mean?* (c) *Where were your parents born?* (d) *When are they arriving?*

■ **2. Mots interrogatifs**
Position : en tête de phrase. Ne pas placer une préposition en tête (« avec qui... ? »), mais après le verbe :
Who *did you play* ***with*** *yesterday?* (**Avec qui** as-tu joué hier ?)
(Excepté dans un registre de langue très soutenu : *With whom did you play tennis yesterday?*)
Cas particulier : *Since when...?* (Depuis quand... ?)

Wh- + aux.-suj.-v.	c. objet	*What* - *Who* (*Whom*, rare).
	comp. circonstanciel	*When* (temps) — *What time* (heure) — *Since when* (point de départ) — *How* (moyen, manière) — *Why* (cause) — *What... for* (but) — *Where* (lieu).
	degré *How* + { adj. / adv.	*How long* (durée) — *How far* (distance) — *How often* (fréquence) — *How big, rich, small...*

	quantité	*How much* + nom indénombrable. *How many* + nom dénombrable pluriel.
Wh- + nom + aux.-suj.-v.	génitif	*Whose* + élément possédé, sans article.
	déterminant = « quel... ? »	*Which* → parmi un petit nombre d'éléments connus. *What* → parmi un grand nombre d'éléments.
Wh + Phrase affirmative	sujet	*Who - What* (= que) — *Which/What* (= quel) *Whose — How many/much.*

- Ne pas confondre : *Which sister did he marry?* ≠ *What language is that?* Seul *Which* peut être suivi de *one :*
  Which one/ones do you prefer? (Lequel/lesquels préfères-tu ?)
- Pronom interrogatif sujet : la question est construite comme une phrase affirmative.

Who is coming? *What happened?*	*Who-What* = 3^e personne du singulier. Pas d'inversion du sujet.
Who knows? *Which answer was wrong?*	Pas d'auxiliaire *do(es)/did* au présent et au prétérit.

■ *Be* et *Have* au présent et au prétérit

- *Be* n'est jamais associé à *do/did :*
  → auxiliaire du progressif : *Are/Were you listening?*
  → verbe « être » : *Is/was he honest?*
- *Have:* peut être associé à *do/did* lorsque c'est un verbe :
  → verbe (obligation/expressions/possession) : *Do you have to go? – Did you have fun? – Do you have a car?*
  → auxiliaire (obligation/possession) : *Have we got to go to her party? – Have you got a car?*

■ **Cas particulier :** certains mots mis en relief en tête d'une phrase affirmative entraînent l'ordre aux.-suj.-verbe.
Hardly had I left the room when the phone rang. (A peine avais-je...)
Should you need me, I'll be at Gordon's. (Au cas où...)
Not until I earn enough money will I buy a new house.

De même avec : *little, so, not only, no sooner, neither (nor), never, never again, never before* et les composés de *no.*

130. Pronoms interrogatifs sujets. Quelle question allez-vous poser pour obtenir une information sur ce que vous n'avez pas entendu ?

1. . . . will give her a ring tonight. **2.** . . . were interested in the new model. **3.** The . . . will affect them, I'm sure. **4.** . . . men were saved. **5.** His . . . made her change her mind. **6.** This . . . worries her a lot. **7.** The . . . children came to Celia's party. **8.** . . . was discovered in 1838. **9.** . . . 's case has been stolen. **10.** Their . . . struck him deeply.

*131 Complétez les phrases au moyen des indications données entre parenthèses. Attention : certains blancs sont des pièges et ne doivent pas être remplis.

Ex. : (look + *présent*)

a. What colour . . . all right with red . . . ?
b. . . . purple . . . all right with red?
→ What colour looks all right with red?
Does purple look all right with red?

1. (disagree + *prétérit*) a. . . .anybody . . . with you? b. Which of your friends . . . with you . . . ?
2. (cause + *prétérit*) a. What . . . the fire . . . ? Human error? b. How much damage . . . the fire . . . ?
3. (deliver + *futur*) a. . . . the usual postman . . . the mail during the holidays? b. Who . . . the mail . . . during the holidays?
4. (deal + *présent*) a. Which article . . . with nuclear experiments . . . ? b. . . . the article also . . . with nuclear energy for domestic purposes?
5. (inform + *should)* a. Who . . . them . . . of the new timetable? Lucy? b. . . . she . . . everybody?

*132. Traduisez. (Une seule structure interrogative en anglais.)

1. Vous avez vu le film hier ? **2.** Qui est-ce qui jouait le rôle principal *(the leading role)* ? **3.** Kevin a-t-il réussi son examen ? **4.** Où les enfants vont-ils passer leurs vacances ? **5.** Ils peuvent se débrouiller *(manage)* tout seuls ? **6.** Est-ce que le bibliothécaire sera ici la semaine prochaine ? **7.** Quelqu'un pourrait-il nous aider à choisir un livre ? **8.** Vous prendriez quoi à ma place *(in my position/if you were me)* ? **9.** Est-ce que beaucoup de gens empruntent ce genre de livre ? **10.** Qu'est-ce qui les fait choisir des romans plutôt que des nouvelles *(short stories)* ?

133. Posez la question qui permet d'obtenir l'information manquante. Utilisez l'un des mots interrogatifs donnés, et reprenez chaque sujet par un pronom (par exemple : *the immigrants → they*).

what — who — where — which — whose

1. In the early 20th century, many people emigrated from . . . to the United States. **2.** Once in America, they had to go through a . . . . **3.** Doctors watched for a . . . . **4.** Customs officers checked . . .'s cases first. **5.** Authorities were afraid of . . . . **6.** The immigrants arriving in New York City were impressed by . . . . **7.** As soon as they were allowed into the country, they started looking for . . . . **8.** The suspect was questioned by an inspector, . . . or . . . , I can't remember. **9.** Once they had got jobs and settled, they sent money to their . . . back home. **10.** Even after years in their new country, they would still think of . . . .

134. Complétez à l'aide du mot interrogatif qui convient (la préposition en fin de phrase doit vous aider à le trouver).

1. . . . did you lend your bike to? **2.** . . . are you buying this T-shirt for? **3.** . . . will the march leave from? **4.** . . . can I borrow money from? **5.** . . . house shall we meet at? **6.** . . . platform does the train leave from? **7.** . . . are you making all this fuss about? **8.** . . . does Linda look more like? **9.** . . . does that painting remind you of? **10.** . . . hotel will you be staying at in London?

*135. Traduisez. (Attention à la place de la préposition.)

1. D'où a-t-on la meilleure vue ? **2.** À propos de quoi voulez-vous la voir ? **3.** Avec quoi les Japonais mangent-ils ? Avec des baguettes ? **4.** À qui as-tu emprunté cet ordinateur ? **5.** Par qui as-tu été le plus impressionné ? **6.** De quoi te plains-tu ? **7.** Dans quoi veux-tu que je transporte ce vase ? **8.** À qui va-t-on donner *(give away)* nos petits chats ? **9.** À qui d'autre l'as-tu montré ? **10.** Sur quelle étagère va-t-on le mettre ?

136. Complétez chaque question à l'aide de *which* ou *what.*

1. . . . colour is her new dress? **2.** . . . of the sixth-form students were late this morning? **3.** . . . kind of plant is that? **4.** . . . flag *(drapeau)* is that? **5.** . . . plate is cracked *(fêlée)*? **6.** . . . class did you travel? First or second? **7.** . . . places did you go to during your holidays? **8.** . . . finger did you hurt, darling? **9.** . . . one of his films made him famous? **10.** . . . books usually sell well?

137. Rétablissez la partie manquante de chaque dialogue en posant une question avec *why* ou *what... for.*

1. — I have bought a grammar-book.
— . . . ? — To improve my English.

2. — He took an early bus.
— . . . ? — Because of the irregular service in our area.

3. — She'll stay at home.
— . . . — She feels too tired to go out.

4. — David should get a bag of nails *(clous).*
— . . . ? — So as to repair the garden gate.

5. — You must phone Joan.
— . . . ? — So that she will not forget your appointment.

6. — He was invited everywhere.
— . . . ? — He was such good company!

7. — They had better book in advance.
— . . . ? — They might not get seats if they wait too long.

8. — He speaks so loud!
— . . . ? — He can't help it.

9. — He took a side-street.
— . . . ? — To avoid the traffic.

10. — Sheila wants to go on a diet.
— . . . ? — To lose weight.

*138. Thème

a. Traductions de « comment » : manière *(how)*, état de santé *(how)*, ou aspect, caractère *(what... like?)*

1. Comment était le premier candidat? **2.** Comment vont les affaires? **3.** Comment est-elle aujourd'hui? Mieux? **4.** Comment était l'hôtel du bord de mer? **5.** Comment l'avez-vous trouvé?

***b.* Compléments de temps : fréquence, durée, heure, moment, point de départ.**

6. Tu vas au cinéma tous les combien? **7.** Depuis combien de temps avez-vous votre permis de conduire? **8.** Il y a combien de temps que cette maison a été rénovée? **9.** Depuis quand as-tu cette carte de crédit? **10.** Combien de temps resteras-tu à New York?

*139. Complétez chaque question avec *how* suivi d'un adjectif ou d'un adverbe, et combinez-la avec l'une des 10 réponses.

1. ... is the swimming-pool?
2. ... is this car?
3. ... is this conjuror?
4. ... are these people?
5. ... is this painter?
6. ... is their house?
7. ... do buses run into town?
8. ... will you come?
9. ... is she?
10. ... do you live?

a. — He can copy any painting.
b. — It has ten rooms.
c. — Every fifteen minutes.
d. — As soon as I can.
e. — She is 32.
f. — Half a mile from here.
g. — Ten feet.
h. — It can do 170 m/hour.
i. — He can make your watch disappear in one second.
j. — They can't buy their children coats.

*140. On a trouvé le corps d'une jeune femme inconnue dans la bibliothèque du manoir de Northcote. Sherlock Soames mène l'enquête; il se pose des questions à partir des notes qu'il a prises. Faites des questions complètes : *(Wh-)* + auxiliaire + sujet + V.

Ex. : Anything heard by servants?
→ Was anything heard by the servants?

1. Identity of blond woman? **2.** Age? **3.** Dead ... how long? ... **4.** Motive for murder? Reason for murdering her? **5.** Murder weapon? **6.** No traces of blood on carpet. Why? **7.** Way of carrying body into library? **8.** Known at manor? **9.** Purpose *(but)* in coming to manor? **10.** Murderer's escape route?

*141. Complétez les questions au moyen des indications données entre parenthèses. Attention, certains blancs sont des pièges et ne doivent pas être remplis.

1. What time ... he ... breakfast this morning? (have / *prétérit*). **2.** What ... you ... got in your hand? (have / *présent*). **3.** How often ... you ... to paint the fence? (have / *présent*). **4.** ... you ... time to do the work? (have / *parfait*). **5.** ... you still ... be here when I come back? (be / *futur*). **6.** ... you ... a van to carry your furniture? (have / *futur*). **7.** ... you ... a lot of friends in New York? (have / *prétérit*). **8.** ... he ... a good partner? (be / *parfait*). **9.** ... your partners ... on your side? (be / *prétérit*). **10.** ... they ... go to Spain than to Portugal? (would rather).

XVII. LES PHRASES NÉGATIVES

■ Phrases négatives avec NOT

	suj.	1er auxiliaire + NOT	(autres aux.) + verbe	complément
Ajouter NOT	*You*	*should not*	*have told*	*him.*
PRÉSENT/PRÉTÉRIT Ajouter DO/DID	*He*	*doesn't/didn't*	*like*	*the show.*

- Langue écrite : auxiliaire + *not* – Langue parlée : auxiliaire + *n't* (accolés). Cas particuliers : *cannot* – *shan't* (= *shall not*) – *won't* (= *will not*) – *may not* (jamais contracté).
- *Be* et *have* au présent et au prétérit :
  → *Be* n'est jamais associé à *do/did :*
  You aren't listening. – He wasn't honest.
  → *Have* peut être associé à *do/did :*
  I don't have a car. (= *I haven't got a car.*)
  You didn't have to wait. – He didn't have lunch.
- Pas d'autre mot négatif dans une phrase avec *not : He didn't say anything* (et non pas *nothing*).

  S'il y a déjà un mot négatif avant le 1er auxiliaire, *not* disparaît : *Nothing has been done* (et non *hasn't*).

■ Phrases négatives sans NOT

- Quelques mots à sens négatif : *no, none – never, hardly... – without – neither.*
- Ne pas associer deux mots à sens négatif dans la même proposition. Utiliser des termes de remplacement : *never, neither, no → ever, either, any.*
  He left without saying anything (et non *nothing*).
- ***Neither*** et ***either***

  → *neither* (ni l'un ni l'autre) et *either* (l'un ou l'autre) sont suivis d'un nom dénombrable singulier :
  Neither assistant speaks English. – You can use either racket.

  → *neither... nor* (ni... ni...) – *either... or* (ou bien/soit... ou bien/soit...) :
  I neither like him nor trust him. – I'll come either by car or by bus.

  → négation... + *either* en fin de phrase (d'ailleurs, non plus) :
  The service was terrible. I didn't like the food either.

■ Ne pas confondre NOT et NO

- ***Not*** = pas (auxiliaire + *not*) → *He can't come.*
  = pas de (*not... any* + nom) → *There isn't any milk.*
- ***No*** = pas de (*no* + nom) → *There is no coffee.*
  = aucun (*no* + nom) → *No passenger was injured.*
- On trouve aussi *not* et *no* dans les expressions suivantes : *not... yet* (pas encore) – *not at all* (pas du tout) – *no sooner... than* (à peine... que) – *no smoking* (= interdiction).

■ Phrases interro-négatives

langue courante	*(Wh-)*	1er auxiliaire + *n't*	suj.	(autres aux.) + verbe
	Why	*hasn't*	*he*	*been invited?*
langue soutenue	*(Wh-)*	1re auxiliaire	suj.	*not* (autres aux.) + verbe
	Why	*has*	*he*	*not been invited?*

Ces phrases peuvent exprimer de vraies questions (voir ci-dessus), ou bien des émotions, une suggestion *(Why don't you come with us?)* ou une exclamation (voir XVIII. 2.).

■ **Cas particulier :** certains mots négatifs mis en relief en début de phrase entraînent l'inversion aux. + suj. (voir liste : XVI. dernier §).
Never again will I listen to his advice.

142. Phrases négatives avec ou sans *not.* Remplacez les mots négatifs comme *nothing* par un équivalent comme *not... anything* ou inversement. Employez les formes contractées toutes les fois que c'est possible et faites les modifications nécessaires.

1. He doesn't trust anybody but himself. **2.** They had nothing interesting to say. **3.** They are no longer on friendly terms. **4.** The newcomers didn't know anyone in the area. **5.** I was there, but I didn't hear anything. **6.** I'm sorry, but I can't do anything for you. **7.** He has no valid reason to refuse. **8.** That doesn't mean anything. **9.** You will find this article nowhere else. **10.** The poor child has no one to turn to.

***143. Mettez les phrases à la forme négative en utilisant *not (n't), not... any* et ses composés, *no* et ses composés, ou *none* suivant le cas. Faites porter la négation sur ce qui est en italique. Plusieurs solutions sont parfois possibles. Choisissez-en une.**

1. I *did some* work yesterday. **2.** He *bought something* with his pocket-money. **3.** There *is some* food left in the fridge. **4.** Ten mice died, and there was *one* left. **5.** He has *responsibilities.* **6.** They *have got* somewhere to stay.

7. He *has to* get up early tomorrow. **8.** There *may be* enough petrol left in the tank. **9.** They *had something* to eat before they left. **10.** *Another* doctor could have saved him.

*144. Traduisez les phrases négatives suivantes, dans lesquelles « plus » peut signifier la quantité *(more)* ou le temps (*longer* ou *more*). Quand deux solutions sont possibles : *no... more* ou *not... any more,* donnez-les toutes les deux. Attention à la place des mots dans la phrase.

1. Je ne vais plus dans ce magasin, c'est trop cher. **2.** Je ne peux plus supporter cette situation. **3.** Plus de pêches ! Dommage ! **4.** Je ne l'apprécie pas plus que toi. **5.** Il ne sait plus ce qu'il fait. **6.** Plus de cris ! Ça suffit ! **7.** Elle n'est pas plus artiste que moi. **8.** Je n'en veux plus, merci. **9.** Plus jamais ! **10.** Je lui ai dit de ne plus me téléphoner.

*145. Complétez ces phrases à l'aide de *neither, either, none, any, no.*

1. You can't take ... of these seats, they have all been booked. **2.** — Do you want me to come on Saturday or Sunday? — ... day will be all right. **3.** — Taste these two cakes. Is there any difference? — No, ... **4.** ... of the two parties appeals to me. **5.** I don't think you've ever met ... of the people I've invited. **6.** My uncle can write with ... hand. **7.** She sailed through the room without greeting ... of the guests. **8.** Can't you see that ... of the paintings in this gallery is worth buying? **9.** Paul rarely alludes to ... of his many activities. **10.** It is not surprising ... solution was found.

146. On a interrogé des candidates à un poste d'assistante de direction. Mettez au clair les notes prises au cours des entretiens en associant les éléments désignés par le même numéro et en utilisant *neither... nor* (= ni... ni) ou son contraire *both... and* (= et... et).

Ex. : Neither Mrs Beck nor Mrs Hayes can type fast.
Miss Brown can both type at reasonable speed and speak Spanish.

	Miss Brown	Mrs Beck	Mrs Hayes	Miss Hodge
Can type.	yes, at reasonable speed. (**1**)	yes, but not fast. (**5**)	yes, but not fast.	yes, at reasonable speed (**1**) (**7**)
Can speak: French	no (**4**)	yes, but not fluently (**2**) (**5**)	fluently (**6**)	yes, but not fluently (**2**)
Spanish	yes (**3**)	yes (**3**)	no	a little
German	no (**4**)	a little	fluently (**6**)	yes (**7**)
Is ready to work overtime.	yes (**9**)	no (**8**)	?	no (**8**) (**10**)
Is willing to keep the office open in July.	yes (**9**)	?	?	no (**10**)

*147. Associez une phrase de la colonne A à une phrase de la colonne B à laquelle vous ajouterez *either* (d'ailleurs, en outre, non plus) ou *too* (d'ailleurs, en outre, de plus).

Ex. : He is much admired. Nobody questions his merits either.

A	B
0. He is much admired. **1.** Harvey works fast. **2.** Karen is always busy. **3.** It never takes Frank long to make up his mind. **4.** Your reaction was quite understandable. **5.** Deborah is determined to leave home. **6.** Lee Dobson is the boss. **7.** Nobody in her family discusses her orders. **8.** It will probably cost a lot of money. **9.** He does a lot of housework. **10.** You took the right decision.	**0.** Nobody questions his merits. **a.** Nothing will make her change her mind. **b.** He always sticks to his decisions. **c.** He doesn't mind gardening. **d.** He does not let anybody forget it. **e.** None of her friends would dare contradict her. **f.** She never wastes any time. **g.** It may take some time. **h.** At the right time. **i.** He gets a lot of work done. **j.** It will teach him a lesson.

148. Phrases interro-négatives. Réagissez à ce qui est dit en posant la question suggérée entre parenthèses.

Ex. : I didn't see her the other day. (who)
→ Who didn't you see the other day?

1. I haven't smoked for ages. (since when?) **2.** I can't understand some words. (which ones?) **3.** Jerry won't drive. (why not?) **4.** She doesn't like some dishes. (what dishes?) **5.** They didn't understand his jokes. (whose?) **6.** They won't be allowed to leave the country. (why not?) **7.** Some of his friends shouldn't be trusted. (which of them?) **8.** Some dates mightn't be convenient. (what dates?) **9.** I wouldn't ask him. (who?) **10.** She couldn't have thought of it. (what?)

149. Réagissez à ce qui est dit en demandant pourquoi.

Ex. : He went to a private school, not a state school.
→ Why didn't he go to a state school?

1. I bought a Ferrari, not a Jaguar. **2.** They are at home, not at school. **3.** Only the sitting-room has been redecorated, not the bedrooms. **4.** John will be able to come, not Bill. **5.** People read novels, not poetry. **6.** You must open the door, not the window. **7.** He can use his left hand, not his right hand. **8.** The cat dares to jump from the tree, but not from the first-floor window. **9.** Mary could ask Jim to help her, not Ross. **10.** It would have been possible to go by train, not by plane.

*150. Traduisez.

1. N'avez-vous jamais rencontré votre député *(M.P.)* ? **2.** N'utiliserez-vous pas le tunnel sous la Manche ? **3.** Ne se rend-il pas compte du danger ? **4.** Est-ce que tu ne peux pas manger de sucre ? **5.** Pourquoi ne m'as-tu pas attendu l'autre jour ? **6.** Est-ce qu'il ne faut pas que tu te lèves de bonne heure demain matin ? **7.** Pourquoi n'as-tu rien dit ? **8.** Ne faisait-il pas trop chaud dans la Vallée de la Mort ? **9.** N'a-t-il pas déjà été confronté à *(be faced with)* un tel problème ? **10.** Il manque des livres. Lesquels n'ont pas encore été rendus *(return)* ?

151. Quelques mots négatifs en tête de phrase. Transformez ces phrases en commençant par les expressions soulignées. Faites les modifications nécessaires.

1. The two countries had hardly come to an agreement when they fell out *(se brouiller)* again. **2.** He didn't only drive over the speed limit, he drove without a licence as well! **3.** I had never seen such a moving film before. **4.** They will never use the same strategy again. **5.** The men had no sooner been parachuted than they disappeared behind enemy lines. **6.** The armoured *(blindé)* force did not arrive until the air base had been seized. **7.** They didn't say anything about the food; they didn't complain about the room either. **8.** There was no bathroom, and what's more there were bugs in the bed! (Not only...) **9.** You will not find such a bunch of wild adventurers *(têtes brûlées)* anywhere else. **10.** I have not seen such temerity in any other army corps.

XVIII. PHRASES EMPHATIQUES ET EXCLAMATIVES

1. LES PHRASES EMPHATIQUES

■ Elles servent à **mettre en relief un élément de la phrase** pour l'opposer à ce qui vient d'être dit ou à ce que l'on pourrait croire :
— à l'oral, le mot mis en relief est fortement accentué ;
— à l'écrit, il est imprimé en italique ou souligné.
What are you doing here? (= I was expecting someone else.)

■ **2 cas :** on peut accentuer un élément de la phrase déjà existant (n'importe quel mot, ou une partie d'un mot) ou bien modifier la phrase (ajouter des éléments qui seront accentués) :

• **Phrases non modifiées**

→ N'importe quel mot peut être accentué, pour l'opposer à un autre :
I saw the milkman (not the postman).
It's the train from London, not to London.

→ 1er auxiliaire accentué, en forme pleine : opposition affirmation/négation :
I am telling the truth. – He can't be working.
He isn't a liar. – He's not a liar.

→ Questions : on accentue le 1er auxiliaire :
Can you pilot? – What have you been doing?

• **Phrases modifiées**

→ Présent *(a)*, prétérit *(b)*, impératif *(c)* : on ajoute *do/did* accentué.
(a) He does speak Russian. (b) He did succeed. (c) Do sit down! (= *Please,* forme très polie.)

→ Questions sans mot interrogatif : on répète l'auxiliaire.
Have you or haven't you finished?

→ Questions avec *Wh-* : on ajoute *ever/on earth/the devil* (surprise), *the hell* (réaction violente).
What ever did he do with the can-opener? (Qu'est-ce qu'il a bien pu faire... ?)

152. Soulignez dans chacune des réponses le mot ou la partie du mot qui doit être accentué, puis pratiquez les dialogues à voix haute avec un partenaire.

1. — Were you searched by a policeman?
— As a matter of fact, it was a policewoman.
2. — When is the next meeting? Next week?
— No, it's this week.
3. — Was your car damaged?
— It was absolutely ruined, you mean.
4. — It is a matter of some importance.
— It is quite unimportant to me.
5. — How many pairs of shoes did you take? A dozen as usual?
— I only took two pairs.
6. — Why won't you take your car?
— Because she insists on going in hers.
7. — Paul might make her change her mind.
— I doubt it. She won't be influenced by anybody.
8. — Did he jump over the stream?
— To our great surprise, he jumped into it.
9. — I think you can have cheese and ice-cream on the fixed menu.
— No, it's cheese or ice-cream.
10. — He could have asked Bruce to help him.
— Well, he asked me, which was rather unexpected.

153. L'accent emphatique sur l'auxiliaire. Transformez ces phrases en phrases emphatiques et soulignez le mot qui doit être accentué.

1. You're a nuisance. **2.** Stop it. **3.** He needs a rest. **4.** They made a mistake. **5.** I'll carry your bag for you. **6.** I hope things will change. **7.** I'd have given anything for a drink. **8.** She looks upset. **9.** He's read the whole book. **10.** Let's get started.

*154. Mme Law, convoquée chez le directeur de l'école, défend vigoureusement son fils Peter contre les reproches qui lui sont faits. Complétez le dialogue par des phrases emphatiques en soulignant dans chacune le mot qui doit être accentué.

Ex. : — Peter does not work regularly.
— He <u>does</u> work regularly. He spends a lot of time doing his homework.

— I am sorry to say that Peter is rather restless in class.
— . . . (**1**), he is just very active, that's all.
— Well, I dare say "active" is not the right word. The fact is that he disturbs the class.
— . . . (**2**). At least, not more than anybody else.
— That is no excuse. Anyway, all the teachers agree in saying that he is not attentive ...
— But . . . (**3**).
— ... and that he does not do all he can.
— But . . . (**4**). It's just that he's a slow worker.

— That he certainly is, Mrs Law. Now let us come to another point. Peter certainly did not tell you about the incident with Mr Hodge, the history teacher.
— Yes, ... (**5**) about it.
— Then you must be aware of the fact that he answered insolently.
— ... (**6**). Mr Hodge misunderstood him. That's what it was.
— I am sure Peter did not give you all the details.
— ... (**7**), but the problem is Mr Hodge doesn't like children.
— ... (**8**). Otherwise he would not be in the teaching profession. Mrs Law, it seems that you do not understand the situation.
— ... (**9**) all right. But the way I see it, things can't improve.
— ... (**10**), and they will as long as Peter is willing to make an effort.

***155. Les questions emphatiques avec modifications de la phrase. Les services de sécurité de l'aéroport d'Atlanta viennent d'arrêter un homme en possession de la formule secrète 7X (la composition du Cola-Cola). On interroge l'homme qui se montre peu coopératif et dont les explications sont loin d'être claires. Rédigez, en utilisant des constructions emphatiques, les questions que lui posent les enquêteurs.**

They want to know ...
1. ... if he works for the Cola-Cola company.
2. ... if he has had access to the vault *(chambre forte)* where the secret formula is kept.
3. ... how he managed to get the formula.
4. ... if he got it from an employee of the company.
5. ... what he was going to do with the formula.
6. ... if he was going to sell it to another company.
7. ... who was to be his contact in the other company.
8. ... where they had arranged to meet.
9. ... why he does not give them a straightforward story *(raconter les choses simplement)*.
10. ... if he will cooperate or not.

2. LES PHRASES EXCLAMATIVES

■ Elles servent à exprimer des **réactions émotives :** admiration, surprise agréable ou désagréable, irritation, etc.
He is so brilliant. – What a creep! – Can't you listen for a minute?

Elles ne sont pas toujours terminées par un point d'exclamation, mais elles ont toujours une intonation descendante, et les mot *so, such, what, how* sont fortement accentués.

■ L'exclamation peut porter sur un **verbe,** un **adjectif** ou un **adverbe,** ou sur un **nom.**

	how (comme, combien)	**so – so much/so little** (tant, tellement)
VERBES	*How he suffered!*	*He suffered so much! – I sleep so little!*
ADJECTIF ADVERBE	*How slowly he speaks!* *How great to see you!*	*He speaks so slowly!* *It's so great to see you!* *It is so much more comfortable.*
NOM	**such/what** (+ ***a*** (***n***)) + (adjectif) + nom (= tellement/quel)	
	I had such a (lovely) dream! *He smokes such (big) cigars!* *She has such patience!*	*What a (lovely) dream I had!* *What (big) cigars he smokes!* *What patience!*
	so + adj. + *a* (*n*) + nom	
	He showed so positive an attitude!	
	so { **much/little** + nom indénombrable ; **many/few** + nom dénombrable }	
	She has so much/so little courage! (tant.../si peu...) *She has so many/so few friends!* (tellement.../si peu...)	
ADJECTIF VERBE/NOM	**so/such... that** (tellement... que = conséquence)	
	He worked so much that he fell ill. *He was so positive that they all liked him.* *He showed such (positive) qualities that he was promoted.* *He showed so positive an attitude that he was promoted.*	

- Dans le tableau ci-dessus, *how* et *what* ne sont pas des mots interrogatifs, il n'y a donc pas d'inversion du sujet et de l'auxiliaire. L'ordre des mots est affirmatif : sujet + auxiliaire + verbe.
- Différence entre *such* et *so* suivis d'un nom :
  → *such* peut être suivi directement d'un nom ;
  → *so* doit être suivi d'un adjectif avant le nom ;
  → l'article *a (n)* n'a pas la même place après *so* et après *such*.

156. **Réagissez à chacune de ces phrases par une phrase exclamative courte commençant par *what* ou *how*, en choisissant parmi la liste suivante le mot le mieux approprié.**
***clever* — *courage* — *disgrace* — *disgusting* — *exciting* — *nuisance* — *patience* — *relief* — *selfishness* — *wise* (sage, avisé)**

1. He picks his nose in public. **2.** He jumped into the icy waters to save the drowning child. **3.** Our neighbours are terribly noisy. **4.** Did you know the

Kepples were going on a cruise *(croisière)* round the world? **5.** He waited for her for over two hours. **6.** They have invented a robot that can reason like a man. **7.** Prices have gone up again. **8.** He refuses to lend anybody anything, even a newspaper. **9.** Benji has found a job at last. **10.** They have decided to save *(économiser)* for a house.

157. Complétez ces phrases en utilisant *there is, it is, he is,* etc., conjugués au temps qui convient et une construction exclamative avec *so* ou *such.* Utilisez les éléments entre parenthèses. N'oubliez pas de rétablir l'article *a(n)* si nécessaire.

Ex. : No wonder the photograph was faded. (old)
→ It was so old!

1. I like your new pink dress. (nice colour) **2.** No wonder he lost his temper. (upset = *contrarié*) **3.** Everybody is bound to be surprised. (unexpected decision) **4.** No wonder we were all sea-sick. (rough weather) **5.** I would not be surprised if we had some rain today. (cloudy) **6.** No wonder everybody likes them. (wonderful people) **7.** He is sure to fail. (lazy) **8.** No wonder the furniture reached very high prices at the auction *(vente aux enchères).* (beautiful furniture) **9.** She will certainly let you know what she thinks. (candid = *franche*) **10.** No wonder he is such a good story-teller. (imaginative person)

158. Ajoutez l'article *a(n)* quand il est nécessaire. Quand deux espaces sont vides, choisissez celui qui convient.

1. He showed such ... eloquence! **2.** She wears such ... make-up! **3.** What ... shame! **4.** What ... excellent ... cook he is! **5.** What ... nuisance! **6.** What ... lovely ... trips we had. **7.** They came to so ... unexpected ... decision! **8.** He got himself into such ... tricky ... situation. **9.** He goes out with such ... girls. **10.** This was in such ... bad taste!

*159. Complétez à l'aide de *such, so, so much, so many, so few,* ou *so little.*

1. She was ... more patient when she was younger! **2.** I have ... money left that I can't afford to go on holiday. **3.** He is not ... good a teacher. **4.** She's got ... pairs of shoes, it's incredible! How can she wear them all? **5.** Peter's a nice guy. It's a shame there are ... people like him. **6.** They had ... customers that they had to close down. **7.** You will do no ... thing! **8.** She had ... more friends when she lived in town. **9.** I would never do ... a thing!

*160. Complétez les phrases données par des exclamations à la forme interro-négative en utilisant les suggestions entre parenthèses. Choisissez bien le temps de la phrase exclamative.

Ex. : The film was terribly sad. (we / cry)
→ Didn't we cry!

1. Our old dog can hardly walk now. (sad) **2.** She's dripping wet. (look miserable) **3.** Tom is much taller than last year. (grow) **4.** Dan was given extra work to do. (grumble) **5.** Little Jeremy is always smiling. (a dear) **6.** The man went on speaking for hours. (we / bored) **7.** We got to the airport in eight minutes flat *(pile).* (hurry) **8.** I bought this record for 50 cents at a garage sale. (a bargain) **9.** They've been practically all over the world. (travel) **10.** Our neighbour, who used to live like a recluse, has been out to the pub several times lately. (people / change)

161. **Traduisez.**

1. Comme je regrette la Californie ! **2.** Elle offre des paysages tellement variés ! **3.** Nous y avons rencontré tant de gens charmants ! **4.** Je me rappelle encore comme il faisait froid à San Francisco. **5.** Mais c'est une si belle ville ! **6.** Il y avait un brouillard si dense sur la baie *(bay)* qu'on voyait à peine le pont du Golden Gate. **7.** Mais quel spectacle *(sight)* quand il s'est levé *(lift)* ! **8.** Et que ça été amusant *(fun)* de prendre le tramway (à San Francisco = *cable-car*) pour aller à Chinatown ! **9.** J'aimerais tant pouvoir retourner à San Francisco un jour ou l'autre *(sometime)* ! **10.** Quel dommage que ce soit si loin !

XIX. LES PHRASES ELLIPTIQUES

■ Ce sont des phrases dans lesquelles un ou plusieurs mots ont été supprimés pour éviter de les répéter car ils ont déjà été exprimés dans une phrase précédente. Une phrase elliptique est souvent **réduite à un sujet et un auxiliaire :** cet auxiliaire peut être le même que celui de la phrase précédente (penser à ajouter *do/did* au présent et au prétérit) *(a)*, ou un tout autre auxiliaire *(b)* :
(a) — Have you called the doctor? — Yes, I have. / You like him, don't you?
(b) I have promised to come, so I will.

■ **L'auxiliaire** est toujours en **forme pleine,** sauf : *No, it isn't. – No, it's not.*

■ **Le sujet** d'une phrase elliptique est souvent un **pronom personnel :** c'est obligatoire pour les « *tags* » et les réponses en *Yes/No.* Le sujet exprimé dans la phrase précédente doit donc être remplacé par un pronom personnel.

■ Cas particuliers :
— *There* reste inchangé : — *Was there any problem? — No, there wasn't.*
— *Everybody/Nobody/Somebody/Anybody* deviennent *they: Everybody agreed, didn't they?*

1. PHRASES ELLIPTIQUES CONTENANT UN SUJET ET UN AUXILIAIRE

■ **Questions et « *Tags* » : AUXILIAIRE + SUJET**

	Formes	Exemples	Intonation	Emplois
INDÉPENDANTE	[+] → [?]	*Many people were surprised. — Were you?*	↗	Vraie question
		Paula is a star now. — Is she?	↗	Surprise
	[–] → [?]	*I can't swim. — Can't you?*	↘	Surprise
	[+] → [?]	*I'm sure Rita paid me. Or did she?*	↘	Doute
AJOUTÉE EN FIN DE PHRASE	[+] → [?]	*John will come, won't he?*	↗	Vraie question
	[–] → [?]	*You're not bored, are you?*	↗	Vraie question
	[+] → [?]	*Nasty weather, isn't it?*	↘	Fausse question, machinale ou ironique
	[–] → [?]	*Jim wouldn't lie to you, would he?*	↘	

■ **Réponses - Répliques - Phrases coordonnées et subordonnées.**

	Formes	Exemples	Intonation	Emplois
SUJET + AUXILIAIRE	[?] → [−] ou [+]	*Is the book interesting? — Yes, it is.*	↘	Réponses *(yes/no)*
	[+] → [−] [−] → [+] [+] → [+]	*That film was terrible. — It wasn't!* *He won't help you. — He will!* *Your car needs washing. — So it does.*	↗ ↗ ↘	Désaccord : forme contractée (= mais si/mais non) Approbation (= c'est vrai)
	[−] → [+] [+] → [−]	*He didn't work, but I did.* *Sheila is optimistic, John isn't.*	↘ ↘	Situation différente (= moi, si/lui, non)
AUXILIAIRE + SUJET	[+] → [+] [−] → [−]	*He likes gardening. — So do I.* *Claire hasn't finished. — Neither has Peter./ — And Peter hasn't either/Nor has Peter.*	↘ ↘	Situation semblable (= moi aussi, moi non plus)

■ **L'auxiliaire** de la phrase elliptique peut être **différent** de celui de la phrase précédente.

SUJET + AUXILIAIRE	*I haven't stopped smoking. — You should have.* *You should have got up earlier than you did.*	Répliques Subordonnées
AUXILIAIRE + SUJET	*I thought it was going to stop. — Well, did it?*	Questions

2. PHRASES ELLIPTIQUES CONTENANT UN VERBE

■ **Verbe** + **(NOT) TO**

— *Does he smoke?* — *He used to, but he's stopped.*
Why did you switch on? I told you not to.

Avec les verbes *ask, expect, like, mean* (= avoir l'intention de), *have (to), tell, try, used (to), be boing (to), ought (to), be allowed/supposed,* etc.

■ **Verbe** + **SO** ou **NOT** (fin de phrase)

« Je crois que oui, j'espère que oui... »	« Je crois que non, j'espère que non... »
I think so. – *I'm afraid so.* *I hope so.* – *Is that so?* Verbes : *be, believe, do, expect, hope, imagine, guess, say, suppose, tell,* (+ c.o.d. + *so* : *I told him so* = je le lui ai dit) *think,* etc.	*I don't think so.* Langue courante : *I don't believe/expect/say/suppose/tell/think so.* Langue soutenue : *I believe/expect/suppose/think not.* (1 seule forme possible pour : *I hope not. I'm afraid not.*)

162. La contradiction. Exprimez brièvement votre accord ou votre désaccord avec les énoncés suivants.

Ex. : An apple a day keeps the doctor away.
→ Yes, it does./No, it doesn't.

1. Tolstoy is the greatest writer of all time. **2.** Parents always know best. **3.** You can't escape punishment for your evil deeds *(mauvaises actions).* **4.** The earth would be a better place if everybody minded their own business. **5.** The situation of women hasn't improved as much as some people say. **6.** Love can move mountains. **7.** The end justifies the means. **8.** Life was much easier in the past. **9.** People should always tell the truth. **10.** One person's opinion won't make much difference to the world.

163. Quelqu'un fait des remarques sur la boutique du village. Vous approuvez ses constatations. Rédigez vos remarques puis pratiquez le dialogue à voix haute avec un partenaire.

Ex. : You can find everything you need there.
→ So you can.

1. The shop has changed. **2.** It was tidier before. **3.** Everybody waited to be served then. **4.** Mrs Weigel, the shopkeeper, would (= *forme fréquentative*) give you what you wanted. **5.** There are more customers now. **6.** But they must serve themselves. **7.** They always make a mess of the place. **8.** They should put everything back in its place. **9.** The shopkeeper can do her sewing *(couture)* now. **10.** And she makes more money than before too.

164. Situation différente. Liz admire éperdument John qu'elle trouve différent des autres garçons de sa classe. Que répond-elle à Sharon qui les a tous en piètre estime ? Rédigez ses réponses puis pratiquez le dialogue à voix haute avec un partenaire.

Ex. : Sharon: They all lie.
Liz: John doesn't.

1. None of them is reliable *(digne de confiance).* **2.** They all despise *(mépriser)* girls. **3.** Not one of them would help you if you were in trouble. **4.** They don't care what happens to you. **5.** They were all so indifferent when Ann had her accident. **6.** They all said it was her fault. **7.** They didn't even go to see her in hospital. **8.** They have always been spoilt by their parents. **9.** They can't understand the way people feel. **10.** They'll all end up without friends.

165. Situation semblable. Expliquez brièvement que ce qui est dit s'applique aussi à d'autres personnes (indiquées entre parenthèses).

1. He must be up early tomorrow. (I) **2.** Ted is fun to be with. (Sam and Harry) **3.** The Robinsons do not look too well. (their daughter) **4.** Rosemary has a taste for literature. (most pupils in her class) **5.** I find little Jimmy irresistible. (everybody) **6.** I was not really surprised. (my parents) **7.** Charlie has not been seen for weeks. (the other suspects) **8.** Andy speaks too much. (you) **9.** Laura does not write much. (I) **10.** You would not have recognized him if you had seen him. (his own mother).

166. Dites brièvement si votre situation personnelle est identique à celle de Mike ou différente (moi aussi/moi non plus – moi si/moi non). Rédigez les réponses puis pratiquez le dialogue à voix haute avec un partenaire.

1. Mike goes to high school (US = *lycée*). **2.** He went to summer camp *(colonie de vacances)* when he was younger. **3.** He has not been abroad yet. **4.** But he would like to travel a lot. **5.** At home, he is not really expected to help with the housework. **6.** And he cannot understand why children should give their parents a hand. **7.** He took no interest in music when he was younger. **8.** But last year, he bought quite a few rock music cassettes. **9.** He is of the opinion that environmental problems will grow worse. **10.** But he does not believe in the possibility of a nuclear war.

167. Complétez chaque phrase avec le « tag » qui convient.

1. He is in for a surprise, . . . **2.** There is no other solution, . . . **3.** He shouldn't have drunk that cocktail, . . . **4.** You'd better drop the subject, . . . **5.** They could have done better, . . . **6.** There wasn't a soul in sight *(personne en vue)*, . . . **7.** It looks like rain, . . . **8.** Nobody should tell them, . . . **9.** She rarely appears in public, . . . **10.** You've hardly done any work this week, . . .

*168. Faites 10 phrases en associant à chaque élément de la colonne de gauche un élément de la colonne de droite.

1.	He told her the truth,	**a.**	and he does, regularly.
2.	He always drinks more	**b.**	but I hope he will some day.
3.	He said he would keep us informed,	**c.**	because he never has.
4.	He never wears a seat-belt,	**d.**	but he now wishes he hadn't.
5.	He promised to help us,	**e.**	as soon as he can.
6.	He has not succeeded so far,	**f.**	which he did.
7.	He didn't hurt anybody;	**g.**	than he should.
8.	Someone else will take the place	**h.**	although he ought to.
9.	He'll finish the job	**i.**	if he doesn't.
10.	He's eager to visit London	**j.**	he might have, though.

*169. Retrouvez les 10 mini-dialogues en associant à chaque élément de la colonne A un élément de la colonne B.

	A		B
1.	Does she still smoke?	**a.**	Oh, I'd love to.
2.	I'm going to leave them a message.	**b.**	People warned us not to.
3.	Didn't you ask her to help?	**c.**	Do you really intend to?
4.	I haven't seen a dentist in years.	**d.**	Well, are you going to?
5.	I told the children I might take them to the fair.	**e.**	Oh, but you ought to.
6.	Why didn't you camp near the lake?	**f.**	Yes, but not as much as she used to.
7.	Can I have some of the chocolate mousse before the guests arrive?	**g.**	But you didn't ask me to!
8.	You should have bought some milk as well.	**h.**	You don't have to.
9.	We could go to a Greek restaurant.	**i.**	No, you're not supposed to.
10.	My parents want me to read law *(faire du droit)*.	**j.**	Yes, but she refused to.

*170. Traduisez en utilisant des structures se terminant par *to.*

1. Il ne fait pas autant de sport qu'il le devrait. **2.** Il allait tuer les chatons *(kittens)* mais les enfants l'ont supplié *(beg)* de n'en rien faire. **3.** Je refuse de faire ce travail même si le patron me le demande. **4.** Je suis désolé de vous avoir interrompu ; je n'en avais pas l'intention. **5.** Nous n'avions pas envie de (*feel like* + *V-ing*) rester là mais il l'a bien fallu. **6.** — Il devrait comprendre. — Vous ne pouvez pas vous attendre à ce qu'il comprenne, il n'est pas assez mûr *(mature).* **7.** Ses parents le laissent conduire le tracteur mais il ne devrait pas y être autorisé. **8.** Ne dites pas que je vous ai parlé de sa mésaventure ; je n'étais pas censé le faire. **9.** Elle a juré qu'elle se vengerait *(get one's own back)* et je parie *(bet)* qu'elle va le faire. **10.** Nous pensions mettre une barrière *(put up a fence)* mais nous avons finalement décidé de ne pas le faire

*171. Traduisez. N'utilisez que les formes de la langue courante.

1. — Penses-tu qu'il va pleuvoir ?
— Je crains que oui.

2 — Est-ce qu'il va leur falloir abandonner *(give up)* le projet ?
— Ils espèrent que non.

3. — On dit que les prix vont baisser.
— Moi, je ne le crois pas.

4. — Il devrait faire un effort.
— Tout le monde s'acharne à (*keep* + *V-ing*) le lui dire.

5. — J'espère qu'il va réussir son examen.
— Je l'espère aussi.

6. — Est-ce qu'elle a retrouvé sa montre ?
— Je crains que non.

7. — Est-ce qu'ils sont arrivés ?
— Je pense que oui.

8. — C'est interdit.
— Personne ne l'a dit !

9. — Est-ce que l'opération est douloureuse ?
— Je ne pense pas.

10. — Est-ce que McKay va être élu ?
— Ses partisans y comptent bien.

*172. Traduisez ce dialogue. Pour vous aider, les passages à traduire par des expressions elliptiques ont été soulignés.

— Tu aimes la cuisine *(cuisine)* orientale, toi ?
— Oh oui.
— Eh bien, moi pas. On dirait que tout a le même goût. Ce n'est pas ton avis ?
— Pas du tout. Tu es très difficile en matière de *(particular about)* nourriture, hein ?
— Je dois admettre que oui.
— La semaine dernière, nous sommes allés au restaurant vietnamien de Market Street. Tu en as entendu parler, non ?

— Oui. Ce n'est pas celui qui s'est ouvert il y a deux mois ?
— Si. Leur cuisine est délicieuse. Je suis sûre que tu l'aimerais.
— Ah oui ? Alors, ça vaut peut-être la peine d'essayer.
— On pourrait y aller au cours de *(sometime)* la semaine prochaine. Jim et toi, vous êtes libres mardi soir ?
— Je crains que non. Qu'est-ce que tu dirais de mercredi ?
— D'accord. On pourrait y aller avec Michael et Liz, non ?
— Quelle bonne idée ! Tu penses qu'ils pourront venir ?
— Je l'espère. Ils aiment bien sortir.
— Nous aussi. On adore ça.
— Tu sais quoi ? J'aimerais suivre des cours de cuisine *(cookery)*. Pas toi ?
— Si, mais malheureusement je n'ai pas assez de temps.
— Moi non plus, en fait.
— On ne peut pas toujours faire ce qu'on aimerait, n'est-ce pas ?
— Lequel de vous deux fait la cuisine ? Toi ou Jim ?
— C'est moi. Jim n'aime pas ça.
— Il m'a dit que ta spécialité, c'était la pizza surgelée.
— Vraiment ? Comment a-t-il osé ? Dire que *(to think that)* je passe des heures à lui mitonner des petits plats *(to slave over a hot stove)*.
— Ah oui ?
— Les hommes exagèrent toujours. Ils sont beaucoup trop gâtés.
— Ça c'est vrai.

*173.

Une phrase elliptique contient généralement un sujet et un seul auxiliaire. Mais quand cet auxiliaire est un modal, on a parfois besoin d'ajouter un 2e, ou même un 3e auxiliaire pour que la phrase soit compréhensible : modal + *be*, modal + *have*, ou modal + *have been*.

Ex. : You don't do any exercise? Well, you *should.*
— I haven't eaten. — You *should have.*
— He wasn't punished. — He *should have been.*

Dans ces phrases, ajoutez un ou deux auxiliaires après le modal si nécessaire.
1. — Was she jealous? — Well, she may . . . once. **2.** He hadn't fastened his seat-belt; he should . . . . **3.** — Do you think he's working? — He must . . . . **4.** — She has been dismissed. — Oh! She can't . . . . **5.** He said he would come for my birthday, but I'm not sure he will . . . . **6.** — He hasn't applied yet. — He should . . . . **7.** — Will you be free next weekend? — I might . . . . **8.** — Do you think he's bought tickets for the show? — He may . . . . **9.** — It's six months already since we last met. — It can't . . . ! **10.** — We waited for you. — Oh! You shouldn't . . . !

XX. LE DISCOURS INDIRECT

■ Le discours indirect sert à **rapporter les paroles de quelqu'un ;** des paroles directes seront rapportées au discours indirect, le plus souvent au passé.

Discours direct : *"**My** dog **is** not dangerous."*

Discours indirect : *He said **his** dog **was** not dangerous.*

■ En passant au discours indirect, les phrases subissent quelques modifications. **Il faut changer :**

— les pronoms personnels, les adjectifs et pronoms possessifs, les pronoms en *-self ;*

— le temps (respecter la concordance des temps) ;

— l'ordre des mots : chaque fois que l'auxiliaire est placé avant le sujet au discours direct, rétablir le schéma déclaratif « sujet + auxiliaire + verbe + complément » dans le discours indirect. Ce sera le cas dans les questions surtout *(Where are you? → He asked me where I was),* mais aussi dans des phrases comme *"So do I,"* ce qui donnera *"He said he did too" ;*

— la ponctuation (supprimer guillemets, points d'interrogation et d'exclamation).

■ **Concordance des temps :** seul le 1er auxiliaire change (sauf *must*).

is/are → was/were	*"I'**m** going to work."* ↓ *He said he **was** going to work.*
have/has → had	*"I **have** been gardening,"* ↓ *He said he **had** been gardening.*
will → would	*"I'**ll** be here."* ↓ *He said he **would** be here.*
do → did (forme ⊟)	*"I **don't** like that song."* ↓ *He said he **didn't** like that song.*
can/may → could/might	*"I **can** swim."* ↓ *He said he **could** swim.*
must → must	*"You **mustn't** leave now."* ↓ *He said I **mustn't** leave now.*

■ **Cas particulier :** c'est le verbe qui change au présent et au prétérit simples.

Présent simple → Prétérit simple	Prétérit simple → Plus-que-parfait
"I ***know*** *the manager."* ↓ *He said he* ***knew*** *the manager.*	*"I* ***met*** *him last week."* ↓ *He said he* ***had met*** *him the week before.*

■ **Changement des expressions de temps :**

now, this morning → *then, that morning*
yesterday, last night → *the day/night before*
three days ago → *three days before*
tomorrow, next week → *the day/week after, the following/next day/week...*

Cas particulier : on ne change pas l'expression de temps quand les paroles sont rapportées très peu de temps après la conversation (le jour même, ou le lendemain).
Ex. : *"I found a job two weeks ago."*
→ *Yesterday she told me she had found a job two weeks ago.* (même période de temps, pas de changement)
→ *When I met her last week, she told me she had found a job two weeks before.* (changement de l'expression de temps)

■ **Les trois grands types de phrases** à transformer au discours indirect.

• **Phrases affirmatives et négatives :** verbes *say* (= dire) et *tell* (= dire à...)

Phrases [+]	Phrases [−]
*"****I have*** *lost* ***my*** *key."* ↓ ↘ ↓ *She told me* ***she had*** *lost* ***her*** *key.*	*"****I won't*** *come."* ↓ ↘ *He said* ***he would not*** *come.*

Autres verbes : *add, agree, complain, declare, promise, remark, warn,* etc.

Say ou ***tell?*** Principales différences :

say = dire	***tell*** = dire à, parler, raconter
• Style direct : *"Hello," he said.* • Préposition *to* devant un complément personnel : *"Don't move!" he said to the man. He said something to her.* • Style indirect : *He said (to her) that he wouldn't come.* Mais si il y a un complément personnel, on utilisera plus souvent *tell.*	• Toujours suivi d'un complément personnel direct : *He told her/Sarah/his sister about his plans.* • Peut être suivi d'une infinitive : *He told me (not) to stop.* • Style indirect : *He told us that he couldn't.* • Peut être suivi d'une interrogative indirecte : *Tell me why you don't agree.*

• **Questions :** verbes *ask, want to know, wonder...*

Questions avec *Wh-*	Questions demandant *Yes/No*
"Where do you live?" *She asked me* ***where I lived.***	***"Is it yours?"*** *He asked me* ***if/whether it was mine.***

Supprimer l'auxiliaire *do/did* dans les questions rapportées au discours indirect.

• **Phrases impératives** (demandes, invitations, instructions, ordres) : verbes *ask, command, tell...*

Impératif	Impératif négatif
"Please ***wait.****"* *They asked me* ***to wait.***	***"Don't worry."*** *He told her* ***not to worry.***

Autres verbes suivis de *(not) to : advise, beg, encourage, forbid, invite, order, remind,* etc.

174. Complétez avec *say* ou *tell* à la forme qui convient.

— Have you (**1**) . . . your parents about your holiday plans? (**2**) . . . me what they (**3**) . . . about your idea of going camping.
— They (**4**) . . . they were against it.
— Why?
— Well, they didn't (**5**) . . . anything for a while, and then they (**6**) . . . me I had better spend a few weeks in France. They (**7**) . . . it would do me a lot of good.
— So what did you (**8**) . . .?
— I (**9**) . . . them I would go camping in France then. They couldn't (**10**) . . . no to that, could they?

*175. A l'occasion de la Saint-Valentin, on a interrogé de jeunes Anglais. Rendez compte de leurs réponses en commençant par *X said that...* N'oubliez pas de changer les expressions de temps.

1. Betsy: I bought some lovely Valentines last week. **2.** Simon: I found funny ones at my favourite card-shop two weeks ago. **3.** Nick: I wrote a few Valentines yesterday. **4.** Margaret: I posted mine this morning. **5.** Tricia: I haven't had much time to think of Valentines until now. **6.** Ted: I'll certainly send one or two tomorrow. **7.** Gerald: Mine were sent last Monday. **8.** Laura: I won't have time to write anything until next weekend. **9.** Michael: I wrote my Valentines last night instead of watching T.V. **10.** Cathy: Mine will all be sent today.

*176. Sam Spade, détective privé, a dû s'absenter de son bureau. Le lendemain matin, Effie, sa secrétaire, l'informe d'une visite. Complétez le dialogue à partir des notes prises par Effie.

Name: Miss Wonderly.
Trying to find her sister Corinne, 24.
Has reason to believe she is in S. F. with a man by the name of Thursby.
C. may be in danger. Miss W. will never forgive herself if anything happens to her.
Got a letter from her sister 2 weeks ago. Met T. recently but he refused to say anything on C's whereabouts.
Girls have never been close as sisters ought to be: Miss W. does not know anything.
Parents going to leave Honolulu where they have been on holiday so far.
Will be coming back soon. News will kill them.
Miss W. has to find C. before they get back. Can you help?

— There was a young lady here yesterday afternoon. She insisted on seeing you. She said her name (**1**) ... Miss Wonderly.
— Never heard of her. What did she want to see me for?
— Well, she said she (**2**) ... to find her sister Corinne and she (**3**) ... reason to believe she (**4**) ... in San Francisco with a man by the name of Thursby.
— Uh-huh. How old is the sister?
— Twenty-four.
— Then the girl is old enough to know what she is doing!
— Sure. But Miss Wonderly said her sister (**5**) ... in danger and she (**6**) ... herself if anything (**7**) ... to her.
— Uh-huh. Has she heard from her sister?
— Yes. She told me she (**8**) ... a letter from her two weeks ago. She added she (**9**) ... Thursby recently but he (**10**) ... to say anything on Corinne's whereabouts *(où elle se trouve).*
— If her sister wrote to her, I can't see why she worries that much. Didn't her sister tell her anything about her plans?
— No. Miss Wonderly said they (**11**) ... close as sisters (**12**) ... and she (**13**) ... anything. But she explained that her parents (**14**) ... to leave Honolulu where they (**15**) ... on holiday so far and they (**16**) ... back soon. She thought the news of her sister's disappearance (**17**) ... them. She insisted she (**18**) ... to find her before they (**19**) ... back home. She asked if you (**20**) ... her find Corinne.

Adapted from Dashiell Hammet's *The Maltese Falcon* (1950), © Random House.

177. Une firme recrute des étudiants pour l'été. À la sortie de l'entretien, vous racontez à votre amie venue vous accompagner les questions qui vous ont été posées : *They wanted to know...*

Questions to applicants:
1. How did you learn about the job opportunities? **2.** What led you to apply for a summer job? **3.** How old are you? **4.** Do you live in the area? **5.** Have you had any previous job experience? **6.** How much do you know about

clerical *(de bureau)* work? **7.** How would you describe yourself? **8.** Do you have any health problems? **9.** Are you ready to work overtime? **10.** Can you start in two weeks' time?

*178. Mettez ces phrases au discours indirect en commençant par *She wondered..., She asked me...* ou *She wanted to know...*

Choisir la solution la plus naturelle dans chaque situation.

1. What should I do? **2.** Who did you write to? **3.** How long did you have to wait? **4.** Where can I get a visa from? **5.** Have you ever heard such nonsense? **6.** What time is the train? **7.** Where can they be hiding? **8.** How much will it cost? **9.** Why didn't anybody tell me? **10.** Which colour do you think is the nicest?

*179. Mettez les phrases suivantes au discours indirect en utilisant les verbes entre parenthèses au prétérit : *he* + verbe + *them...*

Ex. : Stay here! (order)
→ He ordered them to stay here.

1. "Help me!" (implore) **2.** "Don't leave the keys behind!" (remind) **3.** "Don't move or make a noise!" (order) **4.** "Come in!" (ask) **5.** "Sit down and have a drink!" (invite) **6.** "Hurry up and don't keep everybody waiting!" (urge) **7.** "Don't talk to strangers!" (forbid) **8.** "Go straight ahead until you come to a traffic-light!" (direct) **9.** "Don't be insolent and don't answer back!" (warn) **10.** "Have a good time while you can!" (tell)

*180. Mettez au discours direct.

1. They told the children to stay at home. **2.** He wanted to know if anybody was working on the project. **3.** They explained things would be easier when he was older. **4.** The doctor warned him not to do anything too tiring. **5.** He offered to drive her back home. **6.** She asked them how it was that the child could not read. **7.** He asked them whether they had had anything to eat the day before. **8.** I asked him which car he thought I should buy. **9.** He advised her not to work until the last minute. **10.** He wondered why things had happened the way they had.

*181. Mettez au discours indirect. Toutes les phrases suivantes sont des cas particuliers : phrases elliptiques qu'il faudra compléter, phrases contenant une inversion du sujet et de l'auxiliaire sans être des questions, etc.

Ex. : My father → me: "Buy me a newspaper, will you?"
→ My father asked me to buy him a newspaper.

1. Inspector → man: "Ever had any trouble with the police?" **2.** Keeper → us: "No smoking." **3.** Jane: "I'll be going to the jazz concert tomorrow night." Linda: "So will I." **4.** Stan → me: "My father doesn't help me much, nor does my brother." **5.** We → Stan: "What a good idea to bring your guitar!" **6.** Patrick → me: "Been working long?" **7.** Thief → mate: "Anyone see you get in?" **8.** Linda → me: "Should you feel a little depressed, just call me." **9.** I → Greg: "Never again will I trust you!" **10.** Celia → mother: "Shall I bring you an aspirin?"

XXI. LES PHRASES AVEC « *THERE* »

■ ***There* est le sujet grammatical** d'une phrase ; le sujet réel est placé après le verbe. Penser à accorder le verbe ou l'auxiliaire avec le sujet réel.

SING.	*There* ***is a*** *pub.*	*There* ***has*** *been* ***a*** *fight.*	*There* ***remains one*** *point.*
PLUR.	*There* ***are two*** *pub****s.***	*There* ***have*** *been fight****s.***	*There* ***remain two*** *point****s.***

■ ***There*** + ***be*** s'emploie :

— Dans tous les types de phrase et à tous les temps (sauf progressifs) :
There used to be a key. — Will there be a break? — No, there won't.

— Avec les auxiliaires modaux et formes à sens modal :
There must have been an accident. – There are likely to be ants.

Can, could, may, might, must n'ont que leur signification de probabilité dans les phrases avec *there* (voir XI. 2.).

— Dans l'expression *there* + *be* + *no* + V-*ing* (= « il n'y a pas moyen de... ») :
There is no stopping him.

■ **Autres structures :**

— *There* + *happen/seem* + *to be...*
There seems to be no keeper. (Il ne semble pas y avoir...)

— *There* + *come/remain/exist...*
There still remain difficulties. (Il reste encore...)

182. Complétez ces phrases à l'aide de *there* ou du pronom *it*.
1. ... was raining when we came back. **2.** ... was a storm last night. **3.** ... doesn't exist. **4.** ... happened to be no Bed and Breakfast. **5.** ... remains to be proved. **6.** Is ... likely to be any improvement? **7.** What will ... be, sir? Tea? Coffee? **8.** Does ... often snow in winter? **9.** ... probably exists some medicine which could cure her. **10.** Is ... likely to be sold out?

183. Complétez chaque phrase au moyen de *there* + *be* au temps et à la forme (+, –, ?) qui conviennent.

1. I'm hungry. ... any leftovers *(restes)* in the fridge? **2.** ... several changes here in the last few years. **3.** According to the weatherman, ...any rain before next week. **4.** If ... a road sign, the accident might have been avoided. **5.** ... an article on the Chunnel this week? **6.** ... a cinema here; now they've pulled it down and built a supermarket. **7.** Listen to the thunder! ... a storm soon, ...? **8.** How many people ... at yesterday's meeting? **9.** We wouldn't hesitate a second if ... any chance of success. **10.** If plants didn't discharge toxic waste into rivers, ... so much pollution.

*184. Traduisez les phrases à l'aide de *there* + *be* au temps qui convient. (voir IX. et X.).

1. Soudain, il y eut un grand silence. **2.** N'y avait-il pas un cinéma ici autrefois ? **3.** Non, il n'y a jamais eu de cinéma dans cette rue. **4.** Il va y avoir un grand concert contre l'apartheid. **5.** Il va y avoir au moins 20 000 personnes. **6.** Y a-t-il eu beaucoup de questions après la conférence ? **7.** Je pensais qu'il y aurait du champagne ! **8.** Je suis sûr qu'il existe un couteau spécial pour ouvrir les huîtres. **9.** S'il y avait eu un stop, il n'y aurait pas eu d'accident. **10.** Il ne semble pas y avoir beaucoup de parcs dans cette ville.

*185. Retrouvez laquelle des expressions suivantes permet de compléter chacune des phrases proposées. En cas d'ambiguïté, procédez par élimination.

a. there ought to be **b.** there must have been **c.** there can't have been **d.** there had better be **e.** there needn't be **f.** there have to be **g.** there is to be **h.** there is bound to be **i.** there happens to be **j.** there remains

1. Don't you think ... a law prohibiting loud music in public places? **2.** We know who committed the crime. ... for us to find out why he did it. **3.** The two men can't stand each other. ... a clash between them sooner or later. It's unavoidable! **4.** ... any air-conditioning as long as the room is well ventilated. **5.** Look at all the damage! ... a tornado here not long ago. **6.** Impossible! ... as many demonstrators as the papers say. The streets were nearly empty. **7.** A filling station? You're lucky. ... one just round the corner. **8.** You can't build a house without windows. ... windows! **9.** ... an official announcement at 8 p.m. when the President will address the nation. **10.** ... a little more order in your room when I get back or else you won't be allowed to watch T.V.

*186. Traduisez. Attention : dans certains cas, vous ne devez pas utiliser une phrase avec *there* (expression de la durée : voir X.).

1. Il y a des années qu'ils se connaissent. **2.** Il devrait y avoir un mode d'emploi *(instructions for use)*. **3.** Il n'y aurait pas eu de défilé *(parade)* sans le soutien des associations locales. **4.** Il semble qu'il y ait beaucoup de circulation ce matin. **5.** Il y a longtemps que le dodo *(animal de Madagascar)* a disparu. **6.** Il ne reste pas grand-chose à dire. **7.** Mais il reste plusieurs choses à faire. **8.** Il n'y a pas moyen de savoir pour qui il va voter. **9.** Il aurait fallu des gilets de sauvetage *(life-jackets)* sur le bateau. **10.** Il y avait autrefois un pont de pierre qui enjambait la rivière.

XXII. LES FORMES EN « *-ING* »

■ **La forme progressive : *be* + V-*ing***
She was driving. – She must be working.
She sang while driving (sujet + *be* sous-entendus = *while she was driving*).

■ **Le participe présent :** *looking* (regardant), *not looking* (ne regardant pas), *having looked* (ayant regardé).

- Il peut être placé en début ou en fin de phrase, séparé de la principale par une virgule :
Looking at her, he smiled. ou *He smiled, looking at her.*
- Il peut exprimer la cause *(a)* ou le temps *(b)* :
(a) Knowing my sister, I was not surprised. (La connaissant...)
(b) Coming out of the pub, I met Jim. (En sortant...)
- Il peut être employé comme adjectif simple *(a)* ou composé *(b)* :
(a) amusing, boring, exciting, interesting... He's a very charming fellow.
(b) He's hard-working, good-looking... (voir VI. 2.).

■ **Le gérondif**

- Un gérondif peut être simple *(a)*, négatif *(b)*, associé au passif *(c)* ou au parfait *(d)* :
He's afraid of (a) falling/(b) not knowing the answer/(c) being left alone/(d) having said something wrong.
- Le groupe gérondif peut avoir un sujet (= adjectif possessif ou génitif).

Gérondif sans sujet	Gérondif avec sujet
— Pour généraliser : *Working at night is hell.*	— Pour parler d'un cas particulier : *Mark's/His working at night annoys me.*
— Quand le sujet est le même que le sujet principal : *Do you mind working at night?*	— Quand le sujet est différent du sujet principal : *Do you mind his working at night?*

Le sujet du gérondif est parfois un pronom complément (mais jamais en début de phrase) : *I remember him locking the door.*

■ **Fonctions du gérondif**
— Sujet : *Going to the USA would be great.*
— Complément : *I like going abroad.*

■ **Emplois du gérondif :** après certains verbes et expressions, après toutes les prépositions.

- Expression du goût : *I enjoy walking.* (Avec *enjoy, feel like, hate, like, love, be fond of/keen on, don't care for, don't approve of, can't stand/bear...*). Les verbes soulignés sont parfois suivis d'un infinitif (voir XXIII.).
- Phases de l'action : *He went on talking.* (Avec *begin, start, go on, carry on, keep (on), continue, cease, stop, finish, give up...*). Les verbes soulignés sont suivis d'un infinitif dans certains cas (voir XXIII.).
- Autres verbes et expressions : *admit, avoid, deny, remember, suggest, How/What about...?, What's the use of...?, I can't help..., There is no..., It's no use..., It's worth..., I don't mind..., Would you mind...?*
- Après les prépositions (toutes sauf *but* dans le sens de « sauf, sinon » et *except*, suivies d'un infinitif) : *after, before, by* (= « en », complément de moyen), *instead of, on* (= « en », complément de temps), *without...*
  There was nothing to do but/except go away. (sinon partir)
  You'll succeed by working a lot.
- Après les verbes + prépositions : *get used/be used/look forward/object + to ; accuse/dream/think + of*, etc.
  I'll never get used to his smoking the pipe.
  He was accused of stealing a loaf of bread.

■ **Le nom verbal** s'emploie comme un nom : avec déterminant, adjectif, complément en *of*, etc.
I'll do the packing. – He has a good understanding of the problem.

- Noms verbaux devenus de vrais noms : *the beginning, a building, meetings, paintings, the washing-up*, etc.
- Noms composés avec nom verbal (voir VI.) : *a washing-machine.*

187. À l'aide d'un participe présent, réunissez les deux phrases données en une seule. Puis indiquez entre parenthèses si ce participe exprime le temps ou la cause. Attention : vous pouvez avoir à inverser l'ordre des phrases.

Ex. : He put his key into the keyhole. He realized his lock had been forced.
→ Putting the key into the keyhole, he realized... *(temps)*
Nobody bought his books. He committed suicide.
→ Nobody buying his books, he committed suicide. *(cause)*

1. He was very lazy. He never got up before ten. **2.** His wife was dead. He emigrated to the U.S.A. **3.** He went to school. He met with an accident. **4.** They didn't go on holiday. They had very little money. **5.** She saw that the baby was very ill. She called the doctor. **6.** Nobody gave him a lift. He walked back home. **7.** She had no problem finding a husband. She was very attractive. **8.** She had finished her book. She went on holiday. **9.** She looked out of the window. She saw that the garden was covered with snow. **10.** He ordered them to put up their hands. He pulled out a gun.

*188. Réunissez les deux phrases données en une seule à l'aide d'un participe présent simple, négatif ou associé au parfait.

1. He read the letter and then threw it away. **2.** As he was a professional, he should have known better. **3.** We were glad to get inside because we had queued for hours in the cold. **4.** We offered her flowers, but we didn't know she was subject to hay fever. **5.** As she read the letter, she burst out crying. **6.** We arrived on a Saturday night and couldn't find accommodation in town. **7.** Their dog was very friendly; he didn't frighten the thieves away. **8.** She had a look round, and decided she had come to the wrong shop. **9.** We booked two months in advance, and managed to get a room with a good view of the sea. **10.** The gate was locked, so we had to climb over it.

189. Le gérondif sujet

***a.* Transformez ces phrases en utilisant un gérondif sujet.**

Ex. : It's tiresome to listen to boring politicians.
→ Listening to boring politicians is tiresome.

1. It's exciting to read detective stories. **2.** It's forbidden to feed the monkeys. **3.** It's difficult to learn Chinese. **4.** It's very useful to speak English fluently. **5.** It's expensive to travel abroad.

***b.* Prenez connaissance des travaux qui ont été faits dans cette maison puis répondez en utilisant un gérondif sujet.**

Cleaning up the old cottage: we dusted the furniture, changed a few panes, changed the wallpaper, removed the cobwebs, scrubbed the floor, made shelves, painted the gate, burnt the dead leaves, mowed the lawn, etc.

1. What was the most pleasant? **2.** What was the most tiring? **3.** What took the shortest time? **4.** What was the dirtiest job? **5.** What required the most skill?

190. Gérondif après les prépositions. Réécrivez ces phrases en utilisant *by, instead of, on, after, before* ou *without* selon le cas.

1. He played football with his friends; he should have been doing his homework. **2.** You should do some exercise; you should not stay at home and watch T.V. **3.** When he saw the bill he had a shock. **4.** First he wiped his shoes on the mat. Then he went in. **5.** He read the letter, then threw it away. **6.** She went to school, but didn't eat anything before. **7.** He saw the ghost and ran away. **8.** If you use this book, you'll improve your English. **9.** They stole a purse but they weren't seen. **10.** If you work hard you can get good marks.

*191. Gérondif avec ou sans sujet? À l'aide des deux phrases données, construisez une seule phrase contenant un gérondif avec un sujet chaque fois que c'est nécessaire. Le groupe gérondif lui-même peut être sujet ou complément dans la phrase.

Ex. : I remember. I locked the door.
→ I remember locking the door.
Mark works late at night. Do you mind?
→ Do you mind Mark's/his working late at night?

1. He listened to his walkman all the time. It annoyed his parents. **2.** I go out with Ronald. My parents object to it. **3.** I have to do all the dirty work. I object to it. **4.** The artist was vain. It irritated the journalist. **5.** The children were often ill. It made their parents' life difficult. **6.** She collects carrier-bags. It's her hobby. **7.** His son bothered the neighbours' dog. He apologized for it. **8.** He's idle. I can't stand it. **9.** He does 30 miles every day to go to his office. It's exhausting. **10.** She was very tactful. He thanked her for it.

*192. Gérondif après certains verbes et expressions. Complétez les phrases à l'aide d'une expression choisie dans la liste ci-dessous (au temps qui convient) suivie du verbe donné entre parenthèses au gérondif. Chaque expression ne peut servir qu'une fois.

apologize for — feel like — look forward to — mind — be used to — give up — it's no use — can't help — go on — it's worth.

1. Whenever I hear these comedians, I . . . . They're so amusing. (to laugh) **2.** The children didn't disturb him. He . . . in spite of the noise. (to read) **3.** Gary . . . on holiday very soon, because he feels exhausted. (to go). **4.** He . . . every day, year in year out. He couldn't live without it. (to jog) **5.** The child . . . rude to his teacher. He said he regretted it had happened. (to be) **6.** She . . . because she realized it was too dangerous for her health. (to smoke) **7.** I don't . . . out for a walk. It's too cold and windy. (to go) **8.** This film is . . . . I found it very educational. (to see) **9.** . . . a dictionary if you never use it. (to buy) **10.** Do you . . . on the floor? I'm afraid I haven't got any chairs left. (to sit)

193. Le nom verbal. Choisissez un des verbes proposés entre parenthèses, et complétez les phrases à l'aide d'un gérondif (V-*ing*) ou d'un nom verbal (*the* + V-*ing*) selon le cas.

1. I have always avoided . . . her. (look at, meet, speak to) **2.** . . . is done in this room. (edit, print, pack) **3.** — What will you do? — . . .; it's less tiring. (paint, dust, scrub) **4.** I left . . . to Laura, she's very good at that. I'm better at . . . . (organize, follow orders, do) **5.** I'll do . . . of the cherries, and you'll do . . ., O.K.? (pick, stone, cook) **6.** I gave him £5 for . . . my tyre. (change, mend) **7.** The housework is a drag, on the whole, but . . . is the part I like best. (wash up, hoover, iron) **8.** He finally gave up . . . at the age of 50. (wrestle, box, do weight-lifting) **9.** . . . must have been done by a non-professional. (type, correct, make up = *mettre en page*).

XXIII. INFINITIF COMPLET ET PROPOSITIONS INFINITIVES. INFINITIF SANS « *TO* »

■ Infinitif complet : *to* + B.V.

- Formes : *to see – not to see* (négatif) – *to have seen* (+ parfait) – *to be seen* (+ passif) – *to be seeing* (+ progressif).
- L'infinitif se trouve en général dans une proposition infinitive, qui peut être sujet *(a)* ou complément *(b)* du verbe principal.
  (a) To wait here is a waste of time.
  (b) I don't want you to wait here.
- La proposition infinitive peut être complète (avec sujet) *(a),* sans sujet *(b),* ou elliptique (sans verbe) *(c).*
  (a) I expect Julie/her to write soon.
  (b) To go away for a week would be nice.
  (c) — Will he wait for us? — I asked him to (wait for us). (Surtout après les verbes : *ask, hate, have (to), like, love, mean, tell, try, want.*)
- **Proposition infinitive complète**

  — Après des verbes tels que : *expect, tell, want, would like.*
  He wants his wife to stay at home.

  — Après des adjectifs, souvent associés à *too* ou *enough.*
  He's afraid to lose. – She's too young/not old enough to live alone.

  Remarque : *be afraid to* + V. exprime la peur en général *(He's afraid to travel alone.), be afraid of* + V-*ing,* la peur devant un événement particulier *(Are you afraid of diving?).*

  — Après les conjonctions *how, where,* etc. (tous les mots en *wh-* sauf *why),* avec les verbes *explain, forget, know, learn, remember, show, teach, understand.*
  You'll teach me how to skate. – I don't know what to buy.
- Pour exprimer **le but** (« pour ... ») : infinitive sans sujet *(in order to)* ou avec sujet *(for... to)* s'il est différent du sujet principal.
  I went to England (in order) to brush up my English.
  I've brought this wine for you to taste.
- L'infinitif associé au pronom *it :*
  It is important/necessary/usual/easy for her to dress well.
  He finds it difficult to please her. (Après *find, consider, think*)

■ Infinitif complet ou gérondif ?

- **Infinitif ou gérondif** indifféremment,
  — en fonction sujet : *To cheat isn't fair.* ou *Cheating isn't fair.*
  — après les verbes *begin, start, can't bear, continue, cease :*
  It started to rain. ou *It started raining.*

- **Infinitif obligatoire après...**
  — les quasi-modaux et formes à sens modal (voir XII.),
  — les verbes exprimant un ordre, une permission : *allow, forbid, force, command, oblige, order, permit...,*
  — les verbes exprimant un souhait, une intention : *expect, wait for, want, wish, would like,*
  — et d'autres verbes : *decide, help, pretend, promise, seem...*

- **Gérondif obligatoire** après les verbes *enjoy, give up, go on.*

- **Infinitif ou gérondif avec modification du sens** du verbe.
  — Avec *hate, like, love, prefer :*

Goût constant, valeur générale	Goût passager, occasion particulière
→ infinitif ou gérondif. *I like going to the hairdresser's./I like to go...* *I like telling the truth/to tell...*	→ infinitif obligatoire. *I'd like to go to the hairdresser's next Monday.* *I don't like to tell you this.*

— Avec *forget, mean, regret, remember, stop, try, want :*

	Le gérondif évoque...	L'infinitif évoque...
forget *regret* *remember*	... un fait passé : *I regret having paid so much.*	... un fait futur : *Remember to buy some stamps.*
try	... une expérience : *Try eating Chinese food.*	... une tentative : *He tries to eat less.*
want	... un besoin : *Your shoes want cleaning.*	... un désir : *I want you to clean them.*
mean	... une implication : *Being married means compromising.*	... une intention : *I didn't mean to hurt you.*

■ Infinitif sans *to*

- **Après les verbes de perception** *(see, fear, feel, notice, observe, watch)* :

Infinitif sans *to*	Participe présent
(actions brèves, terminées) *I saw the vase fall.*	(actions en déroulement) *I watched the leaves falling.*

- **Après *make* et *have*** (qui sont aussi suivis d'un participe passé (voir XV.) :
  The film made me cry. (Le film m'a fait pleurer.)
  I had a plumber come. (J'ai fait venir un plombier.)

- Au passif, infinitif complet : *He was seen to smoke. – He was made to come.*
- Après *let* :

let	1re personne sing./plur.	3e personne sing./plur.
laisser, permettre	*He let me/us use his car.*	*Let her/them sleep until 10.*
« impératif »	*Let me see... – Let's go dancing.* (Voyons...) (Allons...)	*Let him/them come.* (Qu'il(s) vienne(nt).)

- **Après *Why* et *Why not* :** *Why tell him? – Why not wait a bit?*
- Infinitif avec ou sans *to,* indifféremment, après *help* :
  Help me (to) get everything ready.

***194. L'infinitif associé au pronom *it*. Transformez les phrases en utilisant la structure : *find/found it* + adjectif + infinitif. Selon le contexte, utilisez un des adjectifs suivants :**
amusing — boring — exhausting — frustrating — irritating — painful — relaxing — thrilling — impossible — exasperating.

1. I really enjoy reading a good detective novel. **2.** She's been lying in the sun for hours. **3.** I hate sitting on a chair for hours. I'm bored stiff! **4.** Susie looked after five children for a month, but she'll never do it again. **5.** He worked hard and yet failed his exam. How frustrated he was! **6.** Mrs Robinson loves listening to the comedians Dud and Pete. **7.** My boss doesn't speak, he shouts all the time and it gets on my nerves. **8.** My Grandma has an injection every day; she says it hurts a lot. **9.** An immigrant always remembers his roots. **10.** Our plumber kept us waiting for two whole days. What a drag!

195. Transformez ces phrases en utilisant une proposition infinitive. Employez, selon le contexte, l'un des verbes de cette liste : *advise — allow — ask — beg — expect — order — tell — warn — want — would like.*

1. "Will you open your bag?" the customs officer said to the passenger. **2.** "You'd better travel by plane, it's so quick," John said to his mother. **3.** "I think my boss will certainly give me a pay rise," Barbara said. **4.** "Turn the music down!" Mrs Leroy said to Linda. **5.** "I'd rather you spent more time studying," Chris usually says to her son. **6.** "Be careful, don't walk on the pavement, it is slippery," Joan told her grandmother. **7.** "I'll let you use my car when you have your driving-licence," my father told me. **8.** "Read this letter slowly in front of the camera," the terrorist said to the hostage. **9.** "Please, be merciful," the slave implored the King. **10.** "Mark, go to the butcher's and buy me three pounds of beef," Mrs Ruggles said to her son.

*196. Traduisez en utilisant les diverses formes de l'infinitif : simple, négatif, associé au parfait ou au passif.

1. C'est très gentil à vous de m'avoir apporté ces fleurs. **2.** Il est trop intelligent pour ne pas avoir compris. **3.** Je suis désolée de ne pas avoir pu venir plus tôt. **4.** Le meilleur moyen de parler anglais est d'aller régulièrement en Angleterre ou aux États-Unis. **5.** Il n'est pas assez âgé pour qu'on lui donne de telles responsabilités. **6.** Nous n'avons pas d'amis avec qui jouer. **7.** Qui fut le premier homme à marcher sur la lune ? **8.** Comme d'habitude, Jenny arriva la dernière. **9.** Il avait peur de la foule, et peur de sortir seul. **10.** Elle est très attentive à ne blesser personne.

*197. Traduisez : infinitif ou gérondif?

1. J'ai rencontré Larry dans la rue, mais il a fait semblant de ne pas me reconnaître. **2.** J'aime sortir le soir, aller au cinéma ou aller danser avec des amis. **3.** Je viens de prendre une grande décision : j'ai décidé d'arrêter de fumer. **4.** Pouvons-nous nous asseoir sur ce banc ? Je n'ai pas l'habitude de marcher autant. **5.** Le gouvernement s'attend à ce que les syndicats refusent les nouvelles mesures. **6.** Essaie de contacter une maison d'édition *(publishing house)* pour faire publier ton livre. **7.** Le vendeur essaya de convaincre le client. **8.** Je me rappelle avoir vu « Casablanca » l'été dernier. **9.** Pense (= souviens-toi) à acheter du pain pour ce soir. **10.** Rester allongé sur le sable pendant des heures, c'est parfaitement ennuyeux.

198. Les verbes de perception. Un informateur de police s'est vu confier la filature d'un trafiquant de drogue et le repérage de sa planque. Voici son rapport de police, écrit au prétérit. Réécrivez-le en utilisant les structures suivantes : *I saw/heard/watched/noticed/observed* + infinitif sans *to* ou gérondif.

1. got out of his car: 7 p.m. **2.** jumped over the fence. **3.** unlocked the door of a shabby house. **4.** walked in quickly and put on the light. **5.** dozed for half an hour in front of the telly. **6.** let in a well-known dealer at about 8.30. **7.** took some white powder out of his pocket, added some sugar very slowly, and mixed the dope with the sugar very carefully. **8.** argued about the selling price. **9.** celebrated their deal over a few glasses of whisky. **10.** packed hurriedly when the doorbell rang.

199. Infinitif sans *to*. Complétez à l'aide de *let, have* ou *make* au temps qui convient.

1. The little boy didn't want to go to school, but his parents remained firm and ... him go. **2.** I'm surprised his parents ... him go to discos so often. They shouldn't. **3.** I'm exhausted because my boss ... me work overtime. **4.** The baby made so many faces that he ... his grandparents laugh. **5.** I love ads that ... me dream. **6.** She is too old now to do the housework, she has to ... someone do it for her. **7.** My sister won't ... her daughter eat too many sugary things. **8.** I ... my mother knit me a lovely pull-over. **9.** My father would never ... me drive his car when I was under age. **10.** I ... the vet come in the middle of the night.

*200. Traduisez ces phrases en utilisant un infinitif avec ou sans *to*, ou un gérondif.

1. Le froid me fait grelotter. **2.** Une énorme explosion me fit dresser les cheveux sur la tête. **3.** De mon lit, j'ai entendu les chiens aboyer toute la nuit. **4.** Mes parents nous ont aidés à tapisser la chambre. **5.** Je l'ai entendu claquer la porte. **6.** On a vu le meurtrier tirer sur la victime. **7.** Tu n'étais pas censé finir la bouteille de champagne! **8.** Je lui ai montré comment changer une roue. **9.** Mes parents ne me laisseront jamais aller aux U.S.A. seule. **10.** Manger des bonbons me donne soif.

XXIV. LES MOTS DE LIAISON

■ Liste des notions exprimées.

Addition : *besides, furthermore, in addition, moreover, what's more.*

But: *for... to, in order (not) to, so as (not) to, so that.*

Cause : *as, because (of), for, owing to, since.*

Comparaison : *as, as though, as if, similarly.*

Concession : *although, as, despite, even though, -ever, however, in spite of, nevertheless, no matter..., nonetheless, still, though, yet.*

Condition : *as (so) long as, if, on condition that, or else, otherwise, provided/providing (that), unless.*

Conséquence : *consequently, so, so that, that's why, therefore.*

Contraste, opposition : *on the contrary, though, unlike, whereas.*

Hypothèse : *in case, suppose/supposing.*

Restriction : *all the same, not that, though.*

Supposition : *whether (... or).*

Temps : *as, as soon as, for, in the meantime, meanwhile, once, since, till, until, when, while, whilst, yet.*

■ Liste alphabétique des mots de liaison.

- ***All the same :*** malgré tout, malgré cela, quand même (restriction).
  He's not easy to live with; all the same, I love him.
  He came all the same.

- ***Although*** (= *though*) : bien que (concession).
  Although he is very old, he is still quite strong.

- ***As :*** 1. comme (cause) – 2. comme (comparaison) – 3. comme, alors que, au moment où (temps) – 4. bien que, si... que (concession).
  1. *As we had been walking miles, we were thirsty.*
  2. *When in Rome, do as the Romans do.*
  3. *He was mugged as he was coming out of the cinema.*
  4. *Rich as you may be, you can't buy love.*

- ***As/So long as :*** pourvu que (condition).
  You can buy what you want, as long as it's not too expensive.

- ***As soon as :*** dès que (temps).
  As soon as you get back, call me up.

- ***As though/As if :*** comme si (comparaison).
  He behaved as though/as if he were mad.

- ***Because :*** parce que (cause).
  Jackie married Ronald because he was rich.
- ***Because of :*** à cause de (cause).
  She married him because of his wealth.
- ***Besides :*** 1. en outre, d'ailleurs (addition) – 2. en plus de (addition).
  1. *I'd rather not go to the beach, it's too hot; besides, I can't swim.*
  2. *He's got two other houses besides this one.*
- ***Consequently :*** par conséquent (conséquence).
  She's never done anything for me; consequently, I don't see why I should help her.
- ***Despite*** (= *in spite of,* mais plus rare) : malgré, en dépit de, nonobstant (concession, restriction).
  Despite his great fortune, he's a man of simple tastes.
- ***Even though/Even if :*** 1. = *though :* bien que (concession) – 2. = *even if :* même si (condition).
  1. *He went on working even though he was exhausted.*
  2. *Even if they gave it to me, I would not want it.*
- ***-ever*** (*whoever, whatever,* etc.) : qui/quoi que ce soit, etc. (concession).
  However cold it is, she goes windsurfing every day.
- ***For :*** 1. car (cause) – 2. depuis, pendant (temps) – 3. *For... to :* pour (but).
  1. *She was very shy, for she didn't know any of the guests.*
  2. *We have been waiting for two hours.*
  3. *I've brought this wine for you to taste.*
- ***Furthermore*** (= *moreover, what's more*) : en outre, de plus, du reste, d'autre part, par ailleurs, qui plus est (addition).
  He's vain and boring. Furthermore, he's never sober.
- ***However.*** 1. si... que ce soit, bien que... (concession) – 2. = *yet, still :* pourtant, cependant, toutefois (concession).
  1. *However nice he is to her, she's never satisfied.*
  2. *He can be a bore at times; however, I still like him.*
- ***If :*** si (condition).
  He would not have left his wife if he had still loved her.
- ***In addition :*** en outre, en plus, de plus, de surcroît (addition).
  She's had to get extra help in addition to her regular maid.
- ***In case :*** au cas où (hypothèse).
  I've brought something to read in case I (should) have to wait.
- ***In order (not) to :*** pour (ne pas), afin de (ne pas) (but).
  He took his bag with him on the plane, in order not to have to wait for his luggage after landing.
- ***In spite of*** (= *despite,* mais plus courant) : malgré (concession).
  In spite of the noise, he went on working.

- ***In the meantime*** (= *meanwhile*) : pendant ce temps (temps).
I baked cakes all afternoon; in the meantime/meanwhile, John looked after the baby.

- ***Moreover*** (= *what's more, furthermore*) : en plus, de plus, du reste, d'autre part, qui plus est (addition).
This dress is quite trendy and suits you perfectly. Moreover, it's only £20.

- ***Nevertheless*** (= *nonetheless,* mais plus courant) : pourtant, néanmoins (concession).
They don't get on well together; nevertheless, they still live together.

- ***No matter what/where/who,*** etc. (= *whatever,* etc.) : quoi que ce soit, etc. (concession).
No matter where you are, I'll always find you.

- ***Nonetheless*** (= *nevertheless,* mais plus rare) : pourtant, néanmoins (concession).
He is not very clever but he is nonetheless very hard-working.

- ***Once :*** une fois (temps).
You'll be allowed to play once you have finished your homework.

- ***On condition that*** (= *provided that*) : à condition que (condition).
I'll lend you my car, on condition that you drive carefully.

- ***On the contrary :*** au contraire (contraste).
He's not a bad guy; on the contrary he's quite decent.

- ***Or else :*** sinon (condition négative).
You'd better give in, or else she'll make a scene.

- ***Otherwise :*** 1. = *or else :* sinon (condition négative) – 2. par ailleurs, au demeurant, autrement, à part cela (contraste).
1. *You'd better give in, otherwise she'll make a scene.*
2. *His house is a bit old but otherwise in good condition.*

- ***Owing to :*** en raison de, à cause de (cause).
Owing to the circumstances, he was found not guilty.

- ***Provided/Providing (that)*** (= *on condition that*) : à condition que, pourvu que (condition).
You won't put on weight provided/providing you don't eat too many sweets.

- ***Similarly :*** de même (comparaison).
Many Americans spend four hours a day watching T.V. Similarly, many French people spend their evenings glued to their sets.

- ***Since :*** 1. puisque (cause) – 2. depuis (temps).
1. *Since the miners had many grievances, they went on strike.*
2. *His English has improved since he's been to the States.*

- ***So :*** donc (conséquence).
The miners had many grievances, so they went on strike.

- ***So as (not) to :*** de façon à (ne pas) (but).
He raised his voice so as to be heard.

- ***So/As long as :*** pourvu que (condition).
You can buy what you want, so (as) long as it's not too expensive.

- ***So that :*** 1. pour que, de façon que (but) – 2. si bien que, de sorte que (conséquence).
1. *Open the windows so that we (might) have some fresh air.*
2. *They bought too many things on credit, so that now they can't pay up.*

- ***Still :*** pourtant, cependant (concession).
Milton worked himself blind; still he went on writing.

- ***Suppose/Supposing :*** supposons, en supposant que (hypothèse).
Suppose/Supposing you found a purse in the street. What would you do?

- ***That's why :*** c'est pourquoi (conséquence).
He does a lot of sport, that's why he keeps so fit.

- ***Therefore :*** par conséquent (conséquence).
The burglar was caught red-handed, and was therefore put in prison.

- ***Though :*** 1. = *although :* bien que (concession) – 2. si... que (restriction, contraste) – 3. pourtant (concession).
1. *Though he is very old, he is still quite strong.*
2. *Funny though he may be, he doesn't make me laugh.*
3. *He gets good marks; he doesn't work hard, though.*

- ***Thus :*** ainsi (conséquence).
The Spanish conquistadors brought in black slaves, thus starting an involuntary immigration to America.

- ***Till*** (= *until*) : jusqu'à (ce que) (temps).
He'll stay at home till/until he gets better.

- ***Unless :*** à moins que (condition négative).
You won't speak English correctly unless you learn your grammar.

- ***Unlike :*** à l'inverse de, contrairement à, à la différence de (contraste, opposition).
Unlike his brother, he is very good at maths.

- ***Until*** (= *till*) : jusqu'à (ce que) (temps).
Stay here until/till I come back.

- ***What's more*** (= *moreover, furthermore*) : en outre, de plus, du reste, d'autre part, qui plus est (addition).
Their flat is quite large and very convenient, being near a shopping center and a school. What's more, the rent is low.

- ***When :*** 1. quand (temps) – 2. une fois (temps).
1. *I'll travel all over the world when I'm older.*
2. *When in Rome, do as the Romans do.*

- ***Whereas :*** alors que (contraste).
  In western countries the standard of living is high, whereas in developing countries it's very low.

- ***Whether (... or) :*** si (supposition).
  I wonder whether he has received my letter.
  He hasn't decided whether to stay in the firm or to look for another job.

- ***While :*** 1. pendant que (temps) – 2. tant que, aussi longtemps que (temps) – 3. = *whereas:* alors que, tandis que (contraste).
  1. *Jenny was working while her sister was basking in the sun.*
  1. *While in New York, we'll visit the Guggenheim Museum.*
  2. *While you are at it, could you iron my shirt too?*
  3. *She plays tennis beautifully, while her brother is hopeless with a racket.*

- ***Whilst*** (= *while*) : forme assez rare : pendant que (temps).
  He was reading the map whilst driving.

- ***Yet :*** 1. déjà (temps) – 2. encore (temps) – 3. cependant, pourtant (concession).
  1. *Have you packed your cases yet?*
  2. *No, not yet.*
  3. *Serge is ugly, and yet many women are madly in love with him.*

201. Complétez les phrases à l'aide d'un de ces trois mots de liaison : *otherwise, therefore, and yet.*

1. The lorry-driver suddenly braked hard, ... he would have run over the little boy. **2.** She was not fond of skiing, ... she followed her husband and tried to do her best. **3.** Politicians lie most of the time, ... I don't believe them any longer. **4.** My doctor is well-off, ... he can afford to buy a powerful BMW. **5.** Susan was a charming girl, ... she didn't have a boyfriend. **6.** Johnny drank a lot of beer and ... got sick. **7.** You'd better eat fewer chocolates, ... you'll put on weight. **8.** My father knows he could get lung cancer, ... he doesn't want to give up smoking. **9.** I got a discount price, ... I would never have bought it. **10.** You are the eldest, ... you have to be reasonable.

202. Complétez ces phrases en utilisant *although, in spite of* ou *whereas.*

1. Johanna is a very hard-working girl, ... her sister is quite lazy. **2.** ... the rain, Charles went jogging as usual. **3.** I hate diving, ... my husband is very keen on it. **4.** ... she spent many years in the States, she can't speak English fluently. **5.** In western countries a lot of food is wasted, ... in developing countries many people starve to death. **6.** ... the dark, the little girl went on reading. **7.** ... we often have rows, I love my sister. **8.** ... all the obstacles, Jack managed to set up his own firm. **9.** John Fante kept on writing books, ... nobody read them. **10.** ... the murderer had been very cautious, he was eventually caught.

203. Formez dix phrases à l'aide des mots de liaison donnés dans la colonne du milieu.

1. My son switches the T.V. on	in case	**a.** it rains.
2. Harry dreams of buying a yacht	although	**b.** he is older.
3. You can't get good marks	since	**c.** you ask me nicely.
4. He loves playing chess	provided	**d.** his wife hates it.
5. King Edward abdicated	as soon as	**e.** nobody had understood.
6. The teacher had to explain the lesson all over again	otherwise	**f.** he could marry Wallis Simpson.
		g. you'll be late for work.
7. You can go out tonight	so that	**h.** he comes back from school.
8. They went for a walk	unless	
9. You'd better get up early,	when	**i.** it was snowing.
10. Take your umbrella	whereas	**j.** you work hard.

204. Complétez ces phrases à l'aide d'un ou plusieurs mots de liaison, si plusieurs sont possibles. La notion à exprimer est donnée entre parenthèses.

1. The police stopped him ... he had driven over the speed limit. *(cause)* **2.** He had committed an offence, ... he had to pay a heavy fine. *(conséquence)* **3.** Mr Nambuke was put in jail ... he wasn't guilty. *(concession)* **4.** She couldn't go travelling ... she was robbed of her traveller's cheques. *(cause)* **5.** John Ross registered at Harvard ... his parents had to pay high fees. *(conséquence)* **6.** My grandmother is 80 years old ... she is still very active. *(concession)* **7.** Reagan was rather old ... he ran for Presidency. *(concession)* **8.** American G.I.'s had experienced the war in Vietnam ... some found it hard to cope with civilian life again. *(conséquence)* **9.** He had never been good at maths, ... his brother who became an engineer. *(contraste)* **10.** ... his being very rich, he didn't show off. *(restriction)*

205. Faites le bon choix. Attention, plusieurs solutions sont parfois possibles.

1. You won't get sunburnt, ... you don't stay too long in the sun.
a. although b. provided that c. otherwise d. as soon as

2. Young people are quite happy, ... their parents don't interfere in their affairs.
a. after b. now that c. provided that d. so long as

3. You can get anything you want from your grandmother, ... ask her nicely.
a. so that b. as though c. provided that d. if

4. Kay can accommodate us, ... we don't come with our children.
a. so long as b. though c. whereas d. on condition that

5. I can understand Americans ... they don't speak too fast.
a. after b. before c. so long as d. provided

6. I am quite ready to try new recipes ... they are not too difficult.
a. on condition that b. provided c. so long as d. if

7. ... 008 looked stupid, he was a very sharp agent.
a. besides b. since c. although d. despite
8. I've got a few deck-chairs out, ... you want to bask in the sun.
a. suppose b. in case c. providing d. so that
9. He would spend 2 weeks camping every year, ... his wife and son could be happy.
a. in order to b. on condition that c. so as d. so that
10. He has plenty of qualifications, and ... he can't get a decent job.
a. furthermore b. yet c. consequently d. all the same

206.

Voici dix conjonctions de subordination de temps : *as, as soon as, after, before, now that, once, since, until, whenever, while.* Choisissez, pour chacune des phrases suivantes, celle qui convient le mieux.
1. ... the little boy saw his father, he ran towards him. **2.** The baby-sitter stayed with the children ... their mother came back home. **3.** We haven't heard from Roy ... he left England. **4.** You should mow the lawn ... it gets too dark. **5.** She was ironing ... her children were watching T.V. **6.** ... Betty came to visit us, she brought presents for everybody. **7.** ... she passed her exam, Cathy went on holiday for a month. **8.** ... the rain has stopped, you can go out. **9.** ... you've finished reading it, don't forget to give it back to me. **10.** ... the sheriff was coming out of the saloon, he heard two gun shots.

*207.

***a.* Transformez ces phrases selon l'exemple proposé.**
Ex. : Although she is fifty, she has the figure of a girl of 18.
→ In spite of her age, she has the figure of a girl of 18.

1. Although it was cold, the children wanted to play outside. **2.** Although he was wealthy and famous, the singer felt lonely and unhappy. **3.** Although his parents strongly objected, Tom dropped out of school. **4.** Although the tourists had been warned several times, they went on climbing the dangerous volcano. **5.** Although he's highly qualified, he can't get a job.

***b.* Reformulez les phrases suivantes à l'aide de *unlike* au lieu de *whereas* chaque fois que c'est possible.**
1. Sally works overtime, whereas her boss leaves the office at 6 sharp. **2.** Dave is very good with his hands, whereas his brother is quite helpless. **3.** She behaved as though she had a clear conscience, whereas I knew she had not. **4.** It was not possible to book in advance, whereas I had been told it was. **5.** He walked whereas he could have taken the bus.

*208.

Traduisez. (Les mots de liaisons ont été soulignés.)
1. <u>Bien qu</u>'il ne soit que son père adoptif, elle lui ressemble. **2.** <u>Même si</u> je sais qu'il y a eu des accidents très graves, je vais <u>quand même</u> prendre des leçons de pilotage. **3.** <u>À moins que</u> je ne me trompe complètement, je crois qu'elle a fait du théâtre. **4.** J'ai tout de suite vu que c'était un policier, et <u>pourtant</u> il ne portait pas d'uniforme. **5.** <u>Puisque</u> tu es si malin, essaie de résoudre cette équation. **6.** Il se lève tard le matin, <u>car une fois</u> qu'il aura commencé à travailler, il ne pourra plus le faire. **7.** <u>Si</u> belle <u>que soit</u> cette maison, je la trouve trop chère. **8.** Tu devrais laisser reposer la pâte *(mixture),* <u>sinon</u> le gâteau ne sera pas bon.

VERBES IRRÉGULIERS

	BASE VERBALE	PRÉTÉRIT	PARTICIPE PASSÉ	TRADUCTION
A	*awake*	*awoke*	*awoken*	se réveiller
B	*be*	*was*	*been*	être
	bear	*bore*	*borne*	supporter
	beat	*beat*	*beaten*	battre
	become	*became*	*become*	devenir
	begin	*began*	*begun*	commencer
	bend	*bent*	*bent*	courber, se pencher
	bet	*bet*	*bet*	parier
	bite	*bit*	*bitten*	mordre
	blow	*blew*	*blown*	souffler
	break	*broke*	*broken*	briser
	breed	*bred*	*bred*	élever (enfants, bétail)
	bring	*brought*	*brought*	apporter
	build	*built*	*built*	bâtir
	burn	*burnt*	*burnt*	brûler
	burst	*burst*	*burst*	éclater
	buy	*bought*	*bought*	acheter
C	*cast*	*cast*	*cast*	jeter
	catch	*caught*	*caught*	attraper
	choose	*chose*	*chosen*	choisir
	come	*came*	*come*	venir
	cost	*cost*	*cost*	coûter
	creep	*crept*	*crept*	ramper
	cut	*cut*	*cut*	couper
D	*deal*	*dealt*	*dealt*	distribuer, s'occuper (de)
	dig	*dug*	*dug*	creuser
	do	*did*	*done*	faire
	draw	*drew*	*drawn*	dessiner
	dream	*dreamt*	*dreamt*	rêver
	drink	*drank*	*drunk*	boire
	drive	*drove*	*driven*	conduire
E	*eat*	*ate*	*eaten*	manger
F	*fall*	*fell*	*fallen*	tomber
	feed	*fed*	*fed*	nourrir
	feel	*felt*	*felt*	(se) sentir, éprouver
	fight	*fought*	*fought*	combattre
	find	*found*	*found*	trouver
	fly	*flew*	*flown*	voler, aller en avion
	forbid	*forbade*	*forbidden*	interdire
	foresee	*foresaw*	*foreseen*	prévoir
	forget	*forgot*	*forgotten*	oublier
	forgive	*forgave*	*forgiven*	pardonner
	freeze	*froze*	*frozen*	geler

G	*get*	*got*	*got*	obtenir, devenir
	give	*gave*	*given*	donner
	go	*went*	*gone*	aller
	grow	*grew*	*grown*	grandir, faire pousser
H	*hang*	*hung*	*hung*	pendre, accrocher
	have	*had*	*had*	avoir
	hear	*heard*	*heard*	entendre
	hide	*hid*	*hidden*	(se) cacher
	hit	*hit*	*hit*	frapper, atteindre
	hold	*held*	*held*	tenir
	hurt	*hurt*	*hurt*	blesser, faire mal
K	*keep*	*kept*	*kept*	garder
	know	*knew*	*known*	savoir, connaître
L	*lay*	*laid*	*laid*	poser à plat
	lead	*led*	*led*	mener
	lean	*leant*	*leant*	s'appuyer
	leap	*leapt*	*leapt*	sauter
	learn	*learnt*	*learnt*	apprendre
	leave	*left*	*left*	laisser, quitter, partir
	lend	*lent*	*lent*	prêter
	let	*let*	*let*	laisser, permettre
	lie	*lay*	*lain*	être étendu
	light	*lit*	*lit*	allumer, éclairer
	lose	*lost*	*lost*	perdre
M	*make*	*made*	*made*	faire, fabriquer
	mean	*meant*	*meant*	signifier, vouloir dire
	meet	*met*	*met*	(se) rencontrer
O	*overcome*	*overcame*	*overcome*	surmonter, vaincre
P	*pay*	*paid*	*paid*	payer
	put	*put*	*put*	mettre
R	*read*	*read*	*read*	lire
	ride	*rode*	*ridden*	aller (à cheval, à bicyclette)
	ring	*rang*	*rung*	sonner
	rise	*rose*	*risen*	s'élever
	run	*ran*	*run*	courir
S	*say*	*said*	*said*	dire
	see	*saw*	*seen*	voir
	seek	*sought*	*sought*	chercher
	sell	*sold*	*sold*	vendre
	send	*sent*	*sent*	envoyer
	set	*set*	*set*	fixer
	shake	*shook*	*shaken*	secouer
	shine	*shone*	*shone*	briller
	shoot	*shot*	*shot*	tirer, fusiller
	show	*showed*	*shown*	montrer
	shut	*shut*	*shut*	fermer

	sing	*sang*	*sung*	chanter
	sink	*sank*	*sunk*	sombrer, couler
	sit	*sat*	*sat*	être assis
	sleep	*slept*	*slept*	dormir
	smell	*smelt*	*smelt*	sentir (odorat)
	speak	*spoke*	*spoken*	parler
	spell	*spelt*	*spelt*	épeler
	spend	*spent*	*spent*	dépenser, passer (temps)
	spread	*spread*	*spread*	étaler, étendre
	spring	*sprang*	*sprung*	jaillir, bondir
	stand	*stood*	*stood*	être debout
	steal	*stole*	*stolen*	voler, dérober
	stick	*stuck*	*stuck*	coller
	strike	*struck*	*struck*	frapper
	swear	*swore*	*sworn*	jurer
	sweep	*swept*	*swept*	balayer
	swim	*swam*	*swum*	nager
	swing	*swung*	*swung*	(se) balancer
T	*take*	*took*	*taken*	prendre
	teach	*taught*	*taught*	enseigner
	tear	*tore*	*torn*	déchirer
	tell	*told*	*told*	dire, raconter
	think	*thought*	*thought*	penser
	throw	*threw*	*thrown*	jeter, lancer
U	*undergo*	*underwent*	*undergone*	subir
	understand	*understood*	*understood*	comprendre
	undo	*undid*	*undone*	défaire
	upset	*upset*	*upset*	renverser, bouleverser
W	*wake*	*woke*	*woken*	(se) réveiller
	wear	*wore*	*worn*	porter (vêtements)
	weep	*wept*	*wept*	pleurer
	win	*won*	*won*	gagner
	write	*wrote*	*written*	écrire

CORRIGÉS

I. LES DÉTERMINANTS

1.
1. The - the – 2. ∅ - the – 3. the – 4. the – 5. the – 6. ∅ - ∅ – 7. ∅ - ∅ – 8. the - a – 9. the - ∅ – 10. ∅ - ∅ – 11. a – 12. a -∅.

2.
1. The summer of 1927 was terribly hot. (*intrus* : a) 2. There is an enormous fly in my soup. (*intrus* : a) 3. What is the weather like today? (*intrus* : a) 4. The teacher has given us a very difficult essay. (*intrus* : an) 5. Italy is one of the sunniest countries in the world. (*intrus* : a).

3.
a. Flynn Patrick O'Flynn était trafiquant d'ivoire de son métier et il reconnaissait en toute modestie qu'il était le meilleur sur la côte est d'Afrique.
Rachid El Keb exportait des pierres précieuses, des femmes pour les harems et les palais d'Arabie et d'Inde, et de l'ivoire de contrebande. Il n'avouait ceci qu'à ses clients les plus sûrs ; pour les autres, c'était un riche et respectable propriétaire de navires côtiers.
Un après-midi, durant la mousson de 1912, Flynn et Rachid, attirés l'un vers l'autre par leur intérêt commun pour les pachydermes, étaient assis dans l'arrière-boutique du magasin d'El Keb dans le quartier arabe de Zanzibar, et buvaient du thé dans de minuscules dés en cuivre. Le thé chaud faisait transpirer Flynn O'Flynn encore plus que de coutume. Il faisait une chaleur tellement humide dans la pièce que les mouches, abruties et amorphes, restaient collées au plafond bas.
b. the best... : *superlatif presque toujours précédé de* the. — the east coast ... : *G.N. défini par un complément de nom.* — Africa... : *continent = pays.* — an exporter... : *nom de métier en position d'attribut, commençant par une voyelle.* — precious stones... women ... : *noms indéfinis au pluriel.* — the harems... : *nom suivi d'un complément de nom., donc défini.* — great houses ... : the, *déjà utilisé pour* the harems, *est sous-entendu.* — Arabia... India... : *noms de pays.* — illicit ivory... : *article zéro partitif devant nom indénombrable.* — the rest... : *nom défini par le contexte* = the other people. — a rich... owner... : *nom de métier en position attribut.* — coastal shipping : *nom indéfini ayant valeur de pluriel.* — an afternoon... : *dénombrable indéfini au singulier commençant par une voyelle.* — the monsoon... the back room... the Arab quarter... : *G.N. définis par des compléments de nom.* — pachyderms : *article zéro générique.* — tea... : *article zéro partitif.* — tiny brass thimbles... : *nom indéfini au pluriel.* — the hot tea... : *G.N. défini par le contexte = le thé qu'ils boivent.* — the room... the flies... the low ceiling... : *G.N. définis par le contexte = la pièce où ils se trouvent, les mouches et le plafond de la pièce.* — languid stupor ... : *indén. abstrait pris dans son sens général.*

4.
1. General Simpson left the meeting. 2. You shouldn't (oughtn't to/'d better not) go out without a coat. 3. Where are the children? 4. Children have more imagination than adults. 5. You must (have to/have got to) give him back the money that/∅ he lent you last week. 6. I don't like snakes. 7. France and the U.S.A. have been allied for more than two centuries. 8. Give me the salt, please. 9. The president will visit the town tomorrow. 10. Mrs Fenton, a biologist, is the Director of the Guy Fawkes Hospital.

5.
1. these – 2. these – 3. those – 4. this – 5. that – 6. this – 7. that – 8. those – 9. This – 10. These.

6.
1. Don't touch that knife! You are going to hurt yourself. 2. Listen... I love that/this song. 3. Look at those big black clouds. It's going to rain. 4. Stop that awful music immediately/at once! 5. Shall we go (How about going/What about going) to the cinema this week? 6. Can you/Will you/Could you carry this case, please? 7. I never managed to finish that problem. It was too difficult! 8. In those days, children used to respect/respected their parents! 9. I don't feel very well these days. 10. Those neighbours! They're so noisy!

7.
My sister failed her exam. - Our dog has lost its bone. - You must write to your uncle. - I should water my garden. - My

/ . I enjoy entertaining our friends. , s brother can't stand his neigh- ɜ. - Our neighbours will sell their . - You should see your aunt.

a. the - ∅ - the - ∅ - the -The - my - the -∅ - my - our/the - the - *mon* - Your/this (that *trop blessant*) - my/the/this - A -My -that/the - the - The - ∅ -that/the - the - A - the -the/that - a - his - ∅ - Your.
b. Aucune ville côtière du Sud de l'Angleterre n'est, à mon avis, aussi attrayante que St Loo. On la nomme à juste titre la Reine des Villes d'Eaux, et elle rappelle tout à fait la Côte d'Azur. Je pense que la Côte de Cornouailles est tout aussi fascinante que celle du Sud de la France.
J'en fis la remarque à mon ami Hercule Poirot.
« C'est ce qui était écrit sur notre menu dans le wagon-restaurant, hier, *mon ami.* Votre remarque n'est pas très originale. »
« Mais n'êtes-vous pas d'accord ? »
Il souriait tout seul et ne répondit pas immédiatement à ma question. Je la répétai.
« Mille pardons, Hastings. Mes pensées vagabondaient. En fait, elles vagabondaient vers cet endroit du monde que vous venez de mentionner. »
« Le Sud de la France ? »
« Oui. J'étais en train de penser au dernier hiver que j'y ai passé et aux événements qui s'y sont déroulés. »
Je m'en souvenais. Un meurtre avait été commis dans le Train Bleu et le mystère — compliqué et déroutant — avait été élucidé par Poirot avec son infaillible perspicacité coutumière.
« Comme j'aurais aimé être avec vous, » dis-je avec un profond regret.
« Moi aussi, » dit Poirot. « Votre expérience m'aurait été précieuse. »

II. LA QUANTITÉ

9.
1. (very) few, not many – 2. (very) little, less, not much – 3. (very) little, too little, less, less and less, not enough, not much – 4. fewer – 5. (very) little, too little, so little, less and less – 6. so few – 7. not... enough, not... much – 8. (very) few, too few, fewer and fewer, not enough, not many – 9. so little – 10. so few.

10.
1. The film was so bad/poor that very few people stayed/remained until/till the end. 2. There was so little (fresh) air in the room that she had to go out. 3. Fewer and fewer men wear hats these days/nowadays. 4. Drink little, sleep a lot and you'll feel all right/fine/well. 5. He isn't tall enough to play this/that part. 6. The actors didn't play/perform, there were too few/not enough spectators. 7. Few/Not many actors feel at ease before a first performance/night. 8. There were so few buses that they had to walk (back) home. 9. Too little sleep can be dangerous for/endanger your health. 10. There's less snow than last year.

11.
1. so much – 2. many – 3. so many – 4. too much – 5. so many – 6. much – 7. too many – 8. too much – 9. too many – 10. so much.

12.
1. How much do you want? Two dollars? 2. Guests? There were too many! 3. She works so much that she can't see anyone/anybody (*ou* she can see no one/-nobody). 4. Lots of/A lot of people think he will be elected. 5. You eat too much bread. 6. There are so many people who eat too much! 7. I had so many bags to carry (that) I couldn't get on the bus. 8. Few/Not many people have done so much for me. 9. Do you really need so much money? 10. She likes/loves him very much/a lot.

13.
1. Can you give me a little more sugar, please? 2. I'd like you to watch TV a little less. 3. She's got several good records. 4. I'd rather (prefer to) have a little less money and a few more real friends. 5. There were a few more spectators than the day before. 6. They spent a few days doing nothing/without doing anything. 7. A few weeks ago, we saw a fantastic film about the United States. 8. There were several people watching the match on TV. 9. He would be a good king if he had a little courage. 10. If there were a little less noise, I'd be able to/could hear you!

14.
1. some – 2. any – 3. no – 4. any – 5. some – 6. any – 7. any – 8. no – 9. any – 10. some.

15.
1. He had no friends/He didn't have any friends and could spend several weeks without going out. 2. You can't swim (t)here; there's hardly any water. 3. You can take any road. They all go to Bexley.

4. There's no/There isn't any bread left. Buy some for tonight/this evening, please. 5. They had several photos of their holidays, but they didn't give me any/they gave me none. 6. There were hardly/scarcely any cars in the street. 7. Have you got/Do you have any blue wool to finish my jumper/pull-over? 8. Shall we buy/How about/What about buying some cakes for tonight? 9. — Have you got/Do you have (any) American cigarettes? — Sorry, I haven't got/I don't have any *ou* I've got/I have none. 10. I didn't see any taxis/I saw no taxis when I was in London. They were on strike.

16.
1. a – 2. c – 3. b – 4. d – 5. b – 6. c – 7. a – 8. d – 9. a – 10. d.

17.
1. both of them/them both 2. The whole of it 3. either of us 4. Neither of them 5. Each of them 6. All of them/They were all 7. either of them 8. Neither of them 9. all of them/them all 10. both of them/them both.

18.
1. All (of) my cousins are here. 2. Neither child/Neither of the two children knows where my pipe is. 3. On the whole you agree with me, don't you? 4. The whole school was watching the cricket match. 5. Did you see them all/all of them? 6. Either we go to the restaurant or we go to the cinema, but we can't go to both. 7. She is both clever and pretty. 8. Each house/Each of the houses was a different colour. 9. I'll explain to each (one) of you. 10. All roads lead to Rome.

19.
1. In the early seventies, when the Vietnam war ended, hundreds of thousands of soldiers went back home. 2. George Orwell wrote his novel "Nineteen Eighty Four" in nineteen forty eight. 3. He is in his late fifties whereas his wife is in her early thirties. 4. Within/In a little more than two hundred years, the population of the United States has risen from a few tens of thousands of inhabitants to more than two hundred and fifty million Americans. 5. The world has changed more in forty years (between the early fifties and the late eighties) than in four centuries (from fifteen fifty to nineteen fifty). 6. How lucky! He has won twelve million three hundred and forty five thousand six hundred and seventy eight francs on the Loto, which is equivalent to about one million seven hundred and sixty three thousand six hundred and sixty eight dollars or one million ninety seven thousand three hundred and ninety three pounds!

III. LES PRONOMS

20.
1. you're – 2. your – 3. it's – 4. your – 5. your – 6. You're – 7. your – 8. their – 9. they're – 10. their – 11. your – 12. its – 13. your – 14. its – 15. your.

21.
1. herself – 2. yourselves – 3. herself – 4. himself – 5. ø – 6. themselves – 7. myself – 8. herself – 9. yourself – 10. myself.

22.
1. Look at the baby! He's/She's dressing (all) by himself/herself! 2. He didn't apologize. 3. Look at yourself! Go and wash immediately/at once! 4. Don't run away! You're going to fall and hurt yourself/yourselves! 5. I'm no longer myself at the moment. 6. He gave himself two days to think it over. 7. Have you seen this chair? I made it myself! 8. He was sitting (all) by himself in a corner of the room. 9. Professor Flaversham himself was at/attended the meeting. 10. He stood up suddenly, went to the door and rushed towards a man who was running away.

23.
1. He often looked/He would often look at himself and found himself very handsome. 2. The two cousins talked to each other a lot and sometimes quarreled. 3. They looked at each other, ran towards each other and kissed tenderly/lovingly. 4. My brother and I love borrowing each other's cars. 5. Love one another. 6. They had known each other/one another for a long time. 7. They should talk to each other/one another more often. 8. He takes himself too seriously. 9. They can't understand each other/one another. 10. Sometimes, I can no longer understand myself/I can't (*ou* don't) understand myself any longer.

24.
1. yours - mine – 2. his - hers – 3. yours – 4. his - theirs – 5. theirs – 6. yours – 7. ours – 8. hers – 9. theirs (*ou* their own).

25.
1. Listen to this carefully: you must not go into the jungle alone. 2. He never took himself seriously; that was what I liked about him. 3. A car at your age! I'd like to see that! 4. This is an ultimatum: surrender! 5. She's late: I don't like that at all... 6. That was in 1913, I was 12. 7. That was not very nice of him/her! 8. These are not my socks! Mine are full of holes! 9. These are my children and those are my brother's. 10. This is Rome, the eternal city. In the distance, those are the famous seven hills.

26.
1. nobody/no one – 2. anybody/anyone – 3. anything - something – 4. Everybody/Somebody/Everyone/Someone - nowhere – 5. somebody/someone – 6. Nothing – 7. anybody/anyone - nobody/no one – 8. somewhere - somebody/someone – 9. anything - everything – 10. everywhere - anywhere – 11. Anything – 12. Everybody/Everyone - nobody/no one - anything.

27.
1. Nobody/No one can tell me where the bank is. 2. Have you got everything you need? 3. I don't know... It must be somewhere in the house. 4. I saw somebody/someone you know well last week. 5. There's something strange/fishy in this story. 6. You can/may invite anyone you want/wish/like. 7. — Did you look everywhere? — Of course I did, but I found/could find it nowhere *ou* I didn't/couldn't find it anywhere *(plus courant)*. 8. I've got/I have nothing else to say *ou* I haven't got/I don't have anything else to say. 9. — Does anybody/anyone want to play golf with me? — No, everybody/everyone is busy. 10. Did she buy you anything in Greece?

IV. ONE

28.
1. ones - them – 2. one – 3. ones - them – 4. one - it - one – 5. one - one.

29.
— Good morning, can I help you?
— Yes, I'd like a very nice watch for my wife.
— Oh, we've got lovely ones. This one, for example, comes from Switzerland. That one was made in Taiwan. This one...
— May I have a look at your gold watches?
— Certainly! These are the nicest—and most expensive ones— we've got. Which one do you like best?
— The one in the middle. It's the most elegant one I've ever seen.
— I'm quite sure that if you buy it, you'll never regret it.
— All right, I'll take it.

30.
1. One/You should always do one's/your best. 2. People told me/They told me/I've been told your neighbour is in hospital. 3. The road has been widened. 4. I'm sure somebody/someone has just cried "help". 5. People say the Queen will soon abdicate. 6. Last week we went to the theatre. We saw a very funny play. 7. Big Sam has been arrested at last. 8. They say/I've been told that in India they put lots of spices in their food. 9. One shouldn't just think of oneself. 10. Somebody/Someone has knocked. Go and open the door.

V. LE GÉNITIF

31.
1. our cat's kittens – 2. the government's foreign policy – 3. the price of the Persian rug – 4. the school's budget – 5. everyone's passports – 6. the crowd's applause – 7. the country's population – 8. my mother's friend's children – 9. the title of the book I read last week – 10. the husband of the girl on your left.

32.
1. a sailor's cap – 2. a policeman's helmet – 3. an architect's lamp – 4. a miner's lamp – 5. a postman's cap – 6. a jockey's cap – 7. a judge's wig – 8. tailor's scissors – 9. a chef's cap – 10. a school-boy's cap.

33.
1. Where is today's paper? It must be somewhere! 2. Many people disapprove of/object to the government's domestic policy. 3. What was Great Britain's role in the Middle East? 4. In the 70's, many students were opposed to the American government's foreign policy in Vietnam. 5. Little Mark's parents are worried because their child is in hospital. 6. My sister's new boyfriend is very nice. 7. I think it's a two hours' (*ou* a two-hour) crossing. 8. — What (the hell) have you been doing all this time? — I've been to the butcher's, the baker's, the grocer's, the fishmonger's, the chemist's and the hairdresser's! 9. — Have you been to

the tobacconist's? — Oh! I forgot. 10. The children's bedroom was repainted last summer. 11. Marilyn Monroe's real name was Norma Jean. 12. New Orleans' nickname is "The Big Easy". 13. — Where did you spend your holidays? — At my parents'. 14. He ran an eighteen miles' (*ou* an eighteen-mile) marathon. 15. — Is this your schoolbag? — No, mine is in my bedroom. It must be Jane's. 16. Charles and Diana were married in St Paul's. 17. We walked (down) to the water's edge. 18. For God's sake, stop making so much noise! 19. Robert was so desperate (that) he was at his wits' end. 20. My brother lives (at) a stone's throw from here.

VI. LES MOTS COMPOSÉS

34.

1. a dishwasher – 2. a mouse-trap – 3. a woman-hater *(= misogyne)* – 4. bedtime – 5. a churchgoer – 6. a record shop – 7. a silver chain – 8. evening classes – 9. billiard rooms – 10. women ministers.

35.

1. The young flower-girl was very pretty. 2. He put everything he needed on the kitchen table: the sugar bowl/sugar basin, the jamjar/jampot, the butter dish, the butter knife, the teapot, a teacup, a teaspoon and the Sunday paper. 3. His hairbrush was near a small plastic box, under the bathroom mirror. 4. — Where is the tube station, please? — Can you see the glass building? — Yes. — The "Glenmore" tube station entrance is just after, between the toyshop and the newspaper vendor. 5. Their love story ended during the summer holidays, in a London pub. 6. — You haven't seen my golf clubs, my red leather glove and my baseball cap, have you? — Yes, they're near the living room door, behind the T.V. table. 7. In peacetime, he became a jet pilot and married a famous racing car driver, Pamela Smith, the daughter of a musical instrument-maker and a woman pianist. 8. Sir Cedric lived in an old stone castle on a hilltop. The small country road leading to it stopped at the entrance gates. 9. After the bank robbery, he was arrested by a Manchester police patrol. 10. He bought several race horses and settled in an old Devonshire farmhouse.

36.

1. milk-shakes – 2. shopping centres – 3. men-servants – 4. language laboratories – 5. traffic jams – 6. rose-bushes – 7. women artists – 8. passers-by – 9. by-elections – 10. grown-ups.

37.

1. right-handed – 2. law-abiding – 3. home-made – 4. mouse-grey – 5. dark-haired – 6. heartbreaking – 7. brick red – 8. sad-looking – 9. never-ending – 10. banana-shaped.

38.

Au moins 20 adjectifs composés « logiques » sont possibles :

1. heartbreaking – 2. heartbroken – 3. long-legged – 4. long-sighted – 5. nice-looking – 6. golden brown – 7. golden-legged – 8. golden blue – 9. sky-blue – 10. hand-made – 11. short-legged – 12. short-sighted – 13. cold-looking – 14. cold-blooded – 15. sun-browned – 16. sun-dried – 17. red-legged – 18. red-brown – 19. red-blooded – 20. red-hot.

VII. LA COMPARAISON

39.

1. healthier/the healthiest – 2. more/the most miserable – 3. more/the most obvious – 4. happier/the happiest – 5. more/the most efficient – 6. nobler/the noblest – 7. wiser/the wisest – 8. more/-the most useful – 9. safer/the safest – 10. narrower/the narrowest – 11. larger/the largest – 12. worse/the worst – 13. more/the most ridiculous – 14. shorter/the shortest – 15. wilder/the wildest – 16. poorer/the poorest – 17. simpler/-the simplest – 18. better/the best – 19. more/the most immature – 20. more/the most famous.

40.

1. faster – 2. quicker - cheaper – 3. sunnier – 4. quieter/calmer – 5. more expensive - faster – 6. more interesting – 7. livelier/easier – 8. prettier.

41.

1. Mrs Yale is as old as Mrs Leroy. 2. She's not as tall as Mrs L. 3. She hasn't got as many children as Mrs L. 4. She doesn't earn as much money as Mrs L. 5. Mrs L. doesn't speak as many languages as Mrs Y. 6. Mrs Y.'s house has got as many rooms as Mrs L's. 7. Mrs Y's house has got as many

bathrooms as Mrs L's. 8. Mrs Y. doesn't have as many pets as Mrs L. 9. Mrs Y. doesn't have as many cars as Mrs L.

42.
1. cleverer than - not as stupid as – 2. cheaper than - not as expensive as – 3. older than - not as young as – 4. better than - not as bad as – 5. lower than - not as high as – 6. smaller than - not as big as – 7. more difficult than - not as easy as – 8. more generous than - not as stingy as – 9. shorter than - not as long as – 10. further than - not as near as.

43.
1. — Where would you rather sit? In an armchair or on a chair? — In the armchair, it's more comfortable. 2. When I was young, I could run faster and jump higher. 3. Be more careful next time. Drive more slowly. 4. — How are you feeling/do you feel today? — Better than yesterday. 5. My father smokes less than he used to. 6. Betsy's dress is prettier and more expensive than Shirley's. 7. They were very late. They ran as fast as they could. 8. She gets up earlier than her husband every day. 9. Swimming is more tiring than walking. 10. Our car is dirtier than yours.

44.
the most handsome... the most mature, (the) tallest, (the) smartest, (the) strongest, (the) brightest, (the) most amusing, (the) most charming... the best... the most cultivated, the most talented... the richest, the most successful... the prettiest... the luckiest and the happiest.

45.
1. biggest – 2. tallest – 3. fastest – 4. longest – 5. most expensive – 6. first – 7. busiest – 8. heaviest – 9. youngest – 10. highest.

46.
1. The more peanuts you eat, the fatter you'll get. 2. The fewer responsibilities you have, the simpler your life will be. 3. The more he smokes, the less hungry he is. 4. The further you go, the better (it will be). 5. The more, the merrier. 6. The further they went along the river, the more gold they found. 7. The less you talk, the better (it will be). 8. The more he worked, the richer he got, but the less time he had for living. 9. The more you go out, the more friends you'll make. 10. The more Coke you drink, the thirstier you'll be.

47.
1. Most parents should be more severe/stricter with their children. 2. The sooner the better. 3. It's easier said than done. 4. The holidays you spend without your parents are more pleasant. 5. Nothing is worse than getting/being bored. 6. It's all the more surprising since/as/because no one had told them anything. 7. Some countries are getting more and more dangerous to visit. 8. A lot of American tourists are more and more afraid of highjacking, terrorists and bombs. 9. He was more and more tired, because he slept less and less. 10. (Ever) Since he started practising, he has jumped/has been jumping higher and higher.

VIII. LES RELATIVES

48.
1. b – 2. d – 3. c – 4. d – 5. b – 6. b – 7. c – 8. b – 9. d – 10. b.

49.
1. that / whom / ø – 2. whose – 3. that / whom / ø – 4. that / who – 5. that / which / ø – 6. ø / that / whom – 7. that / which / ø – 8. that / which / ø – 9. which / that – 10. ø / which / that.

50.
1. (that) – 2. who *ou* that – 3. (that) / (which) – 4. that – 5. (that) – 6. which *ou* that – 7. (that) – 8. (that) – 9. (that) – 10. (that).

51.
1. Do you remember Alan and Mary, with whom we were on holiday? 2. Peter, whose latest book has just been published, is delighted. 3. The branch on which he was sitting broke. 4. I saw a girl whose hair was blue. 5. Joan, whose husband does everything in the house, is a lucky woman. 6. Teresa, who wants to brush up her French, will spend a year in Francc. 7. I'm going to phone Katsy, whom I haven't seen for a long time. 8. Last year I met a boy who lived in South Africa, and whose father was a millionaire. 9. Agatha Christie, whose books are famous all over the world, started writing when she was a nurse. 10. Rebecca, who has been pushed into the river, is all wet.

52.
1. who is always cheerful. 2. whom/that everyone admires. 3. with whom I always agree. 4. whom/that we visit as often as we can. 5. whose house is... 6. whose garden is... 7. with whom I play chess every Saturday. 8. whose jewels... 9. to whom I owe a lot of money. 10. who listens to...

53.
1. I don't know the boy she's going out with. 2. Did you find the books you were looking for? 3. The concert we went to was a flop. 4. I've never heard of the novel you are talking about. 5. The painting you are looking at is by Picasso. 6. The house he grew up in had no bathroom. 7. The two presidents found nothing they could agree on. 8. The chair he was sitting on was wobbly. 9. Jimmy is the boy everybody complains about. 10. The book Quakers always refer to is the Bible.

54.
1. I have a lot of books, most of which are in English. 2. Take all the money you need. 3. They have three daughters, two of whom are English teachers. 4. He's an author whose humour I like a lot. 5. This is the motorbike I've always dreamed of. 6. Sir Christopher Wren built a lot of churches in London, one of which is St Paul's/among which there is St Paul's. 7. I have none of the books my teacher talks about. 8. I prefer (the) oranges whose peel is thin. 9. Children whose mothers don't work may be very happy. 10. The man she is in love with lives in the USSR.

55.
1. that/which – 2. ø/that – 3. who – 4. whose – 5. which/that – 6. which – 7. which – 8. that/ø – 9. which – 10. which/that.

56.
1. which *(ce qui)* – 2. what *(ce que, ce dont)* – 3. which *(ce qui)* – 4. what *(ce que)* – 5. which *(ce qui)* – 6. which *(ce que)* – 7. what *(ce qui)* – 8. what *(ce qui)* – 9. which *(ce que)* – 10. what *(ce que)* - which *(ce qui)*.

57.
1. whenever – 2. wherever – 3. Whoever – 4. Whenever – 5. Whatever – 6. whoever – 7. wherever – 8. whatever – 9. whichever – 10. However.

IX. LES TEMPS

58.
1. attends - is attending – 2. is burning - burns – 3. is having - have – 4. is reading - reads – 5. serve - is serving.

59.
1. They sometimes answer back. 2. They are always complaining they don't get enough pocket money. 3. They are always asking for more. 4. They rarely help with the housework. 5. They are always finding excuses not to help. 6. They rarely ask permission before inviting friends. 7. They rarely make an effort to be on time for family occasions. 8. They are always borrowing the car when we need it. 9. They sometimes stay on the phone with their friends for hours. 10. They always behave affectionately.

60.
1. What do you usually drink at dinner? Water or wine? 2. She can't come now; she is having a bath. 3. Who is singing? Anyway, he sings beautifully. 4. — What do you think of the Channel tunnel? — I believe that it is a good idea and I suppose most people think the same. 5. He looks very cheerful. He is probably thinking of the next holidays. 6. He is getting more and more pessimistic. Is it true that people worry more and more with age/as they grow old? 7. What is it? It looks like whisky but it does not taste like it. 8. This car belongs to a famous singer. Look! His chauffeur is driving and he is sitting in the back. 9. This man who is being interviewed on television speaks several languages. 10. I rarely smoke. Every time I smoke, it makes me cough.

61.
1. spent – 2. choose/took – 3. went – 4. drank – 5. found – 6. ate – 7. knew – 8. wrote – 9. loved/liked – 10. bought – 11. had – 12. sent – 13. did – 14. saw/visited – 15. told – 16. taught – 17. struck – 18. was – 19. felt – 20. left.

62.
1. opened - realized – 2. was opening - jostled – 3. tore - was crawling – 4. was leafing - fell – 5. went - waited (*ou* was waiting).

63.
1. When we arrived at the stadium, our friends were waiting for us. 2. The telephone rang while I was having a bath. 3. When I heard it, I went downstairs to answer it. 4. He was still working on his thesis late last night. 5. Some people were dancing while others were chatting in a corner of the room. 6. When the music stopped, someone put on another record. 7. The children stayed at home yesterday afternoon. They played board games while I wrote a few letters. 8. Each time he went to the swimming pool, he caught a cold. 9. He had to repeat twice before they understood. 10. The moment he realized his mistake, he stammered out an excuse.

64.
1. I were. 2. I had had it. 3. I had known. 4. it hadn't (happened). 5. taught me. 6. I could. 7. there hadn't been (a scene). 8. he didn't (answer back). 9. didn't drive. 10. he had been (wearing one).

65.
1. She used to record her songs in an old garage but now she records in the greatest... 2. She didn't use to go to restaurants but now she goes to... 3. She used to sing in small dingy clubs but now she performs for large audiences. 4. She used to live in a bed-sitter but now she lives in... 5. She used to have a lot of free time but now she's always busy. 6. She used to go out with a guitar-player but now she meets the jet-set. 7. She used to buy second-hand clothes but now she buys... 8. She didn't use to go to the hairdresser's but now she goes every day. 9. She didn't use to take holidays but now she goes to... 10. She used to ride a moped but now she has a R.R. and a chauffeur.

66.
1. She is going to wash them up/to do the washing-up. 2. He is going to plant them/the seeds. 3. It is going to be cold. 4. She is going to buy some petrol/fill the tank/have the tank filled. 5. He is going to drink less/to stop drinking. 6. Scotland is going to win/England is going to lose. 7. She is going to miss the 10.44 train. 8. She is going to take the next train. 9. It is going to turn left. 10. He is going to cash the traveller's cheques/exchange the traveller's cheques for pound notes.

67.
1. When you read this letter, I will already be far away. 2. As soon as I get the message, I'll do what's necessary. 3. When you have read the book, we'll be able to talk about it. 4. Whenever you need me, I'll be there. 5. I wonder when they'll leave me alone. 6. As soon as I have moved, I'll look for another job. 7. Once we have paid for the hotel, we'll have £10 left. 8. I'll make the sandwiches while you set the table. 9. As long as you stay here, you'll be safe. 10. You'll be allowed to leave your seat after the plane has taken off.

68.
1. leaves - are going - shan't/won't be - 'll be staying - 'll be climbing – 2. 'm going to learn – 3. is about to say – 4. are to meet - 'll have – 5. is going to hurt.

X. PARFAIT ET PLUS-QUE-PARFAIT

69.
1. did you stop – 2. has not used – 3. has gone – 4. have you been – 5. have written – 6. have not written – 7. did not send – 8. Have you been – 9. bought – 10. have lost.

70.
Since: 1, 2, 4, 6, 7, 12, 13, 14, 15, 17, 19, 20.
For: 3, 5, 8, 9, 10, 11, 16, 18.

71.
1. for – 2. ø – 3. since – 4. ø *ou* for – 5. for – 6. for *ou* ø – 7. since – 8. ø – 9. for *ou* ø – 10. since.

72.
a. 1. I have never been good at maths 2. I have already seen that film. 3. I have just arrived. 5. I have made a few discoveries lately. 7. Until now, I have had nothing to reproach him with. 8. I have worked all morning. 9. He has only just understood. 11. I have not finished packing yet. 13. Have you ever tried to dive? 14. He's the best looking boy I have ever seen.
b. *Les phrases 4. 6. 10. 12. sont au prétérit car les faits sont détachés du présent.*

73.
Quelques possibilités : 1. He has been running. 2. He has been washing the car. 3. He has been drinking. 4. He has been repairing his bicycle. 5. He has been fighting. 6. He has been cooking. 7. She has been reading "Uncle Tom's Cabin". 8. He has been making a snowman. 9. He has been collecting the mail. 10. He has been delivering the milk.

74.
1. She has been talking on the phone 2. It has been raining 3. have been climbing 4. they have cut down 5. I have repaired 6. has belonged 7. have bought 8. I have been working 9. I have given 10. have scalped.
— 1, 2, 3, 8 : *parfait progressif parce qu'on insiste sur le déroulement, la durée d'une action encore en cours.*
— 4, 5, 7, 9, 10 : *parfait simple parce qu'on insiste sur l'action elle-même, et son résultat.*
— 6 : *parfait simple parce que verbe incompatible avec la forme progressive.*

75.
Quelques possibilités : 1. Because she had forgotten to switch off the lights.

2. Because it had not been cut for a long time. 3. Because we hadn't booked. 4. Because I had drunk too much white wine. 5. Because he had once bitten her. 6. Because she had heard good news. 7. Because I had never drunk vodka before. 8. Because she had driven (been driving *est possible*) over the speed limit. 9. Because she had cried a lot. (had been crying *est possible ici*) 10. Because we hadn't left him a tip.

76.

Quelques possibilités : 1. I haven't read anything for a whole month/since my accident. 2. *impossible* 3. I have been reading for four hours/since it started raining. 4. *impossible* 5. *impossible* 6. I had not seen her since the holidays/for weeks. 7. *impossible.* 8. I have been cutting salami for half an hour/since they arrived. 9. Yesterday I had been playing for ten minutes when it started to rain. 10. I had not known him long. 11. He has never drunk so much as he has since his wife left him. 12. He has not smoked for a fortnight. 13. He has wanted to buy a country house for a long time. 14. He had owed me some money for a while/ since he had bought his new car.

77.

1. She was crying when I arrived. 2. It had been raining for a long time when we arrived. 3. Ah! I was forgetting! Give me your address. 4. She had been frightened: she was still trembling. 5. I have played enough, I'll stop now. 6. How did it go? 7. He has been playing for hours, he must be tired. 8. I practised all afternoon yesterday. 9. I got a nice present for my birthday. 10. Help me carry this. I have been dropping things this morning: I have already broken three glasses.

78.

1. cost – 2. strolled – 3. had just taken over – 4. was looking forward – 5. walked back *ou* was walking back – 6. had already scaled – 7. were lying *ou* lay – 8. forced – 9. tied him up – 10. set about – 11. had been cut off *ou* was cut off – 12. scrutinised – 13. rechecked – 14. had not overlooked – 15. set – 16. had moved – 17. had poured in – 18. reopened – 19. had left – 20. managed.

XI. LES AUXILIAIRES MODAUX

79.

1. can't / shouldn't – 2. Could / Will / Can / Would – 3. can – 4. mustn't / shouldn't - might / could – 5. couldn't – 6. might / would / could – 7. can – 8. may / must / could / might – 9. could – 10. must / should.

80.

1. must be – 2. can't walk – 3. must be sleeping – 4. must have been tired – 5. can't be – 6. must learn – 7. couldn't hear / can't have heard – 8. can't have killed / couldn't have killed – 9. can't be – 10. must have been.

81.

1. If she had had more / enough money, she would have gone to the USA. 2. If the policeman had run fast enough / faster, he would have caught the thief. 3. If he had worked hard(er), he would have passed his exam. 4. If we had invited them sooner (*ou* If we hadn't invited them too late), they would have come. 5. If my neighbours had made less noise (*ou* hadn't made so much noise), I would have been able to sleep. 6. If we hadn't missed the bus, we would not have been late. 7. If he had been dishonest (*ou* hadn't been honest), he would have become a pickpocket. 8. If I had known he was such a bad driver, I would not have lent him my car. 9. He wouldn't have come if there had not been a jazz band. 10. If I had known something about computers, I would have been able to help him (*ou* I could have helped him).

82.

Quelques possibilités : 1. you should have come. 2. You should see a doctor. 3. You should (have) put on a coat. 4. You should go on a diet/do some exercise. 5. I should never have come. 6. you should have come. 7. You should have bought a brand-new one. 8. You should go to California. 9. I should have done it myself. 10. You should never have started to play.

83.

1. The old lady was shocked that a child should behave so badly. 2. It's important that you should take a decision quickly. 3. It's a pity that Liz should be so lazy. 4. He bought a house in the country so that his children might play outside and be happy. 5. It's incredible that some people should be so racist. 6. My mother

suggested that we should go for a walk. 7. The mayor ordered that the old house should be pulled down. 8. Betty insisted that we should go to Vermont for the holidays. 9. I lent him my dictionary, so that he should not have too much difficulty translating the text. 10. Everyone was searched at the entrance so that no one should take photos.

84.
1. Can – 2. Shall – 3. shouldn't – 4. would – 5. Will – 6. must – 7. may – 8. can't – 9. could – 10. might.

85.
1. She may be working. 2. He must be her boyfriend. 3. She may be an actress. 4. They should be at the airport by now. 5. He might like it. 6. She must have been very pretty. 7. He may have been waiting outside. 8. He can't be that rich! 9. It shouldn't be hard work. 10. He may have stayed the night, or he may not.

86.
1 *et* 6. It must have been cold in the country last week-end. – There must have been an accident *(probabilité d'un fait passé).* 2 *et* 4. You could have tried to please your mother. – The accident could not have been worse. *(reproche - possibilité).* 5 *et* 7. I would have told you if I had known earlier. – If I had known they were so ripe, I would not have bought them. *(phrases conditionnelles).* 3 *et* 9. He should have bought a suit for the wedding. – There should have been a "danger" signal. *(reproche, regret).* 8 *et* 10. It may have snowed. – She may have missed her train, you know. *(possibilité d'un fait passé).*

XII. FORMES À SENS MODAL – QUASI-MODAUX

87.
a. 1. could – 2. was able to – 3. was able to – 4. could - could – 5. could.
b. 1. If had not done it today, I would have had to do it tomorrow, anyway. 2. I could not do a thing like that/such a thing! 3. He knows he should do something to improve his English. 4. He knew he would not be able to get there on time. He should have told us. 5. He knew he would have to queue for hours to get his visa.

88.
a. 1. Why did you have to get up so early? 2. They're not in? They must have gone to the pub. 3. We had to call for a doctor in the middle of the night. 4. She must have been very disappointed. 5. Yesterday I had to change my car wheel (*ou* the wheel on my car) by myself.
b. 1. Fortunately, everybody was able to escape in time. 2. He was able to repair the washing-machine immediately. 3. They may have got lost. 4. — These two pupils may have cheated. — Do you think so? 5. They may have been helped.

89.
1. He had to wash his car, which was very dirty. 2. We were to meet our friends at the Athens airport. 3. James Bond was to meet another secret agent in front of the National Gallery. 4. I thought that Marc was to water your garden twice a week during the holidays. 5. It was so hot that she had to take three showers a day. 6. They were to meet at a party and to marry shortly afterwards. 7. Why did you have to get up so early? 8. What time are you to call on them? 9. I thought you were not to see each other for a week? 10. He was soon to realize that she had deceived him.

90.
1. won't have to – 2. had to – 3. must – 4. will have to – 5. Must - have to – 6. mustn't – 7. would not have to – 8. must – 9. must.

91.
1. I'd rather – 2. You'd better – 3. I'd better – 4. would you rather – 5. I'd rather not/I'd better not. – 6. I'd rather not. – 7. would you rather – 8. I'd rather 9. we'd better.

92.
1. Will you dare (to) tell him the whole truth? 2. I don't dare to/I dare not wake Ann up, she's fast asleep. 3. Julie was so impressed that she dared not/didn't dare to speak. 4. You needn't buy any milk. There's plenty in the fridge. 5. He hasn't been to England for ages. He needs to brush up his English. 6. You need not have shouted. I'm not deaf. 7. — Why did you go to town? — I needed to buy a new pair of shoes. 8. How dare you answer back to your mother! 9. Two journalists from the Washington Post dared (to) speak about the Watergate scandal. 10. I needn't wash. I had a bath yesterday.

93.
1. needn't – 2. mustn't – 3. needn't – 4. mustn't – 5. needn't – 6. mustn't – 7. needn't – 8. mustn't – 9. needn't – 10. needn't.

94.
1. would you rather – 2. ought to – 3. had to – 4. are allowed to – 5. are forbidden to – 6. dared not/didn't dare to – 7. won't have to – 8. was to – 9. was able to – 10. needn't/ don't need to.

95.
1. We may/might go to Greece . . . . 2. You mustn't swear. 3. She wasn't able to swim... 4. You needn't do the ironing... 5. People are forbidden to park/ mustn't/can't park... 6. Shall I lay the table? 7. . . . my husband had to do . . . 8. Her plane must have been delayed. 9. What will you have? / What would you rather have? 10. She may have called...

96.
1. You should know your own mind! 2. I will have to buy another bag. 3. Must you always contradict me? / Do you have to contradict me all the time? 4. You should not have walked on your (*ou* with a) sprained ankle. 5. You needn't worry/You don't have to worry. You'll get on well. 6. I told her she had to take her credit card. 7. I have to go to the post office before it closes. 8. You must write to your grandmother to thank her for the lovely present she gave you. 9. You mustn't go to bed too late. 10. I told you you (*ou* we) would have to queue for an hour!

XIII. PRÉPOSITIONS ET PARTICULES VERBALES

97.
1. at - in – 2. off – 3. at – 4. into - at - from - out of - into - across/along.

98.
1. c – 2. d – 3. d – 4. b – 5. a – 6. a – 7. b – 8. c – 9. c – 10. d.

99.
1. like – 2. as – 3. as – 4. as – 5. like – 6. as – 7. as – 8. like – 9. like – 10. as.

100.
1. Yes, I left some for them./I left them some. 2. Yes, he bought it for her. 3. Yes, John sent me his./John sent his to me. 4. Yes, I lent him mine./I lent mine to him. 5. Yes, he showed it to them. 6. Yes, she read one to them./she read them one. 7. Yes, she made several for her./she made her several. 8. Yes, she told it to them. 9. Yes, I gave them to it. 10. Yes, they promised a lot to him./they promised him a lot.

101.
Suggestions :
Happiness is 1. friends to confide in/to go out with/to have fun with. 2. someone to look after/to care for/have fun with. 3. a dog to care for/to confide in. 4. a warm home to go back to. 5. a comfortable armchair to read a good book in/to relax in. 6. several good books to choose from. 7. a few records to choose from/to listen to. 8. something to hope for/to look forward to. 9. pleasant memories to look back on.

102.
1. <u>Look</u> this way. 2. I have <u>waited</u> too long. 3. What are you <u>waiting for?</u> 4. <u>Look</u> what you've done! 5. <u>Look for</u> your ball. 6. <u>Look</u> carefully. 7. Who did you <u>lend</u> it <u>to?</u> 8. He <u>listened</u> <u>at</u> the door. 9. He <u>stole from</u> everybody. He even <u>stole from</u> his grandmother. 10. He never <u>forgave</u> his brother.

103.
1. out – 2. off – 3. out – 4. off – 5. over – 6. up – 7. in – 8. up – 9. in – 10. through.

104.
1. a. Will you please fill in two copies of the application form? b. Will you please fill them in? 2. a. I want you to pick it up at once. b. I want you to pick up the paper that you have just dropped at once. c. I want you to pick up this paper/to pick this paper up at once. 3. a. I'm going to ring up Mary/to ring Mary up. b. I'm going to ring her up. c. I'm going to ring up a friend I haven't seen for ages. 4. a. You'd better take it off. b. You'd better take off your T-shirt/take your T-shirt off.

105.
a. 1. at – 2. in – 3. on – 4. at – 5. from – 6. off – 7. without – 8. despite – 9. in – 10. in.
b. 1. into – 2. from – 3. with – 4. out of – 5. by – 6. in – 7. to – 8. to – 9. on – 10. at/on.

106.
1. Yes, I turned it off. 2. Yes, he showed them in. 3. Yes, the rock broke off it. 4. Yes, I asked about it. 5. Yes, he l... them about. 6. Yes, they closed it down. 7. Yes, he fell down them. 8. Yes, the

dog knocked it over. 9. Yes, it flew over it. 10. Yes, they pushed it in.

107.
1. The child crawled under the bed. 2. He ran out of the house. 3. He wants to sail round the world. 4. He jumped into the car. 5. He strode through the forest. 6. She ran past me. 7. She hurried past the bookshop. 8. He crept up the stairs. 9. He staggered along the street. 10. We strolled down the avenue.

XIV. ADVERBES

108.
1 (b) – 2. (b/d) – 3. (b) – 4. (a/c) – 5. (b) – 6. (b) – 7. (a) – 8. (c) – 9. (d) – 10. (a/c).

109.
1. Yesterday/he went to school early/ yesterday. 2. Unfortunately Johanna broke her leg last week while she was skiing. 3. The old lady was killed with a gun in the middle of the night. 4. He was quietly reading a book in his bedroom, when he suddenly (*ou* when, suddenly, he) heard a strange noise. 5. Yesterday the captain was assassinated in a grenade attack on his car as he was going to the airport (*ou* The captain was assassinated yesterday...). 6. In winter I usually go to work by bus (in winter). 7. A few days ago I met Teresa in the street (*ou* I met Teresa in the street a few days ago). 8. My children always have lunch at school. 9. Pupils should always listen to their teachers very carefully. 10. We'll probably go to Florida next summer.

110.
ever : 1, 3, 4, 5, 8 – never : 2, 6, 7.

111.
1. Dinner is not ready yet. 2. I still have to lay the table. 3. I've had enough, you have cheated again! 4. If you ever go there, call me. 5. I don't think I'll ever know. 6. Have you ever seen anyone so selfish/such a selfish person? 7. Nothing has ever been done in this field. 8. I hope you haven't thrown away that box already. 9. I still need it. 10. She worked hard without ever complaining.

112.
1. We could hardly see anything. 2. He rarely speaks to anybody. 3. She seldom goes anywhere these days. 4. She hardly ever goes out. 5. Scarcely anybody has heard the news yet. 6. The journalists barely gave any details. 7. He rarely tells anyone about his little problems. 8. We hardly drink coffee any longer. 9. He scarcely thinks of anything else. 10. We can rarely afford either caviar or champagne.

113.
a. 1. Something – 2. anyone/any – 3. No one – 4. any – 5. Nothing
b. 1. No one will ever know. 2. She scarcely eats any fattening food. 3. ... he hardly speaks any Japanese. 4. We haven't bought the tickets yet. 5. Have you been to the Hopper exhibition yet?

114.
1. loudly 2. slowly 3. smartly 4. lovingly/ passionately/fondly 5. carefully/cautiously 6. patiently 7. terribly/awfully 8. fluently 9. angrily 10. quietly/noiselessly.

115.
1. automatically (= *automatiquement*) - sarcastically (= *de façon sarcastique*) 2. gently (= *doucement*) - incredibly (= *incroyablement*) - terribly (= *terriblement*) 3. merrily (= *joyeusement*) - heavily = *lourdement*) 4. shyly (= *timidement*) - slyly (= *sournoisement*) 5. reassuring → reassuringly (= *de manière rassurante*) - mocking → mockingly (= *d'un air moqueur/d'une voix moqueuse*) - knowing → knowingly (= *sciemment*) - hesitating → hesitatingly (= *d'une façon hésitante*) 6. careless → carelessly (= *négligemment, sans faire attention*) - fearless → fearlessly (= *courageusement*) - helpless → helplessly (= *désespérément, en vain*) - heartless → heartlessly (= *sans pitié*) 7. purposeful → purposefully (= *délibérément*) - scornful → scornfully (= *d'un air/ton méprisant*) - powerful → powerfully (= *puissamment, avec force*) - faithful → faithfully (= *fidèlement*).

116.
1. scornful – 2. noisy – 3. scornful – 4. scornfully – 5. faithful – 6. respectful – 7. rudely – 8. patiently – 9. tactfully – 10. skilful.

117.
Quelques possibilités : 1. He is most probably on holiday. 2. They have surely stopped at the pub. 3. You were undoubtedly proud of her. 4. This man is most probably not a thief. 5. He has most probably not killed her. 6. Maybe she is an actress. 7. Maybe/Perhaps they'll come for a drink tonight. 8. It is probably in the top drawer. 9. Changing the wallpaper will probably not be difficult. 10. Maybe/Perhaps she won't accept, but let's...

XV. LE PASSIF

118.
1. The canary has been fed. 2. The begonias have not been watered. 3. The sitting-room has been hoovered. 4. Doug's shirt has not been ironed. 5. The washing has been done. 6. It has been hung in the back garden. 7. The garage floor has not been swept. 8. The milk order for tomorrow has not been cancelled. 9. The light bulb in the kitchen has not been changed. 10. The leak in the bathroom has been repaired.

119.
1. All dogs must/should be kept on a leash. 2. Cars should be serviced regularly. 3. Cars may not/cannot be parked in this area. 4. This door cannot be opened. 5. The letter must have been sent to the wrong address. 6. He may have been held up in a traffic jam. 7. The dresses may be sold at a discount next week. 8. Rosy Lee cannot have been killed by a stranger. 9. This work could be done in two hours. 10. a lot of time would have been lost.

120.
1. are fed - are being fed – 2. was being followed – 3. is being tested - are tested – 4. was being renovated – 5. was found - is being questioned – 6. are being shot – 7. is being shot.

121.
1. A new hospital was opened by the Queen yesterday. 2. A new motorway will be opened next week. 3. All the roses have been cut. 4. These traveller's cheques can be cashed anywhere. 5. The play is being rehearsed *(pas de complément d'agent car il est évident).* 6. The animals should not be disturbed. 7. Everybody was dazzled by the glitter of Rebecca's jewels. 8. This vase should be left where it is. 9. The photograph was taken by Nigel, not (by) Keith. 10. The bystanders realised too late that they had been robbed of their wallets (by pickpockets *est possible mais pas obligatoire*).

122.
1. A rare dish was asked for. 2. The record was listened to in silence. 3. The dog was often shouted at. 4. His behaviour cannot be accounted for. 5. People's peculiarities should not be laughed at. 6. His police record was carefully looked into. 7. The doctor was sent for. 8. The new measures were not completely approved of. 9. This house hasn't been lived in for a long time. 10. The decision was unanimously disapproved of.

123.
1. I think Tim will be awarded it. 2. Because they haven't been taught good manners. 3. Because they were refused a visa. 4. I was given a cookbook. 5. No, I was lent it. 6. Because they had been granted permission. 7. Yes, I was offered a good price for it. 8. Yes, he was told the whole truth. 9. Yes, you will be asked a lot of questions. 10. No, they were denied admittance.

124.
1. You will be flown to your destination in a supersonic jet. 2. You will be met at the airport by Gina, our local representative. 3. You will be transferred to your hotel in a comfortable coach. 4. You will be given all the information you need by Peter, our expert on the region. 5. You will be taken around the city's famous historical landmarks. 6. For your entertainment, visits will be organized to the liveliest night spots. 7. You will be taught local dances by our charming hostesses. 8. You will be driven across the rugged terrain of the Southern region by Chuck, a rally-driver with years of experience. 9. You will be shown dinosaur tracks and beautiful natural landscapes. 10. And during your stay, you will be left plenty of free time for shopping.

125.
1. It is supposed to bring good luck (or bad luck!) 2. It is reputed to be bad/awful/terrible, etc. 3. It is expected to be finished before the year 2000. 4. English is considered to be more difficult than Italian. 5. Donald Duck is known to be bad-tempered. 6. It was believed to be flat. 7. She was declared to be a witch. 8. Parmentier is said to have introduced the potato in France. 9. David is reported to have killed Goliath, the giant. 10. They were supposed to have taken part in a hold-up.

126.
1. This kind of heather can only be found in Scotland. 2. Her/His voice could be heard throughout the building. 3. His castle could be seen from afar. 4. This cheese can be eaten hot or cold. 5. This white wine is usually drunk with shellfish. 6. It can easily be removed. 7. This/It can only be bought at the chemist's. 8. Where can information be obtained? 9. It can be done. 10. This/It must be kept in the fridge.

127.
1. She went to the photographer's to have her photograph taken for a passport. 2. She went to the dry-cleaner's to have her husband's jacket cleaned. 3. She went to the builder's to have an extension to the house built. 4. She went to the professional gardener's to have the garden landscaped. 5. She went to the vet's to have her dog Fido examined. 6. She went to the dentist's to have a tooth pulled out. 7. She went to the travel agency to have two seats reserved on the 9 o'clock flight to London. 8. She went to the plumber's to have the water-pipe fixed. 9. She went to the dress-maker's to have a skirt shortened. 10. She went to the hairdresser's to have her hair dyed.

128.
1. was asked – 2. attacked – 3. knocked – 4. was subdued – 5. hauled – 6. was – 7. lost – 8. have now been found – 9. smuggled – 10. was fined.

129.
1. On le soigne en ce moment pour une dépression nerveuse. 2. On va s'occuper de l'affaire. 3. Je serais ravi(e) qu'on m'offre une pendule ancienne pour mon anniversaire. 4. Ne va-t-il pas être surpris qu'on lui propose un poste à l'étranger ? 5. Il rougissait quand on lui adressait la parole. 6. Tout était silencieux. On n'entendait pas un bruit. 7. Linda! On te demande au téléphone! 8. On fit tenir les enfants tranquilles. 9. On raconta plus tard que la maison était hantée. 10. Je déteste qu'on me dise ce que je dois faire.

XVI. LES PHRASES INTERROGATIVES

130.
1. Who will give her a ring tonight? 2. Who was interested in the new model? 3. What will affect them? 4. How many men were saved? 5. Who/What made her change her mind? Who (= his parents, brother...)/What (= his attitude...) 6. What/Who worries her a lot? 7. Which/Whose children came to Celia's party? 8. What was discovered in 1838? 9. Whose case has been stolen? 10. What struck him deeply?

131.
1. a. Did anybody disagree with you? b. Which of your friends disagreed with you? 2. a. What caused the fire? b. How much damage did the fire cause? 3. a. Will the usual postman deliver the mail during the holidays? b. Who will deliver the mail during the holidays? 4. a. Which article deals with nuclear experiments? b. Does the article also deal with nuclear energy for domestic purposes? 5. a. Who should inform them of the new timetable? b. Should she inform everybody?

132.
1. Did you see the film yesterday? 2. Who played the leading role? 3. Has Kevin passed his exam?/Did Kevin pass his exam? 4. Where will the children spend/Where are the children going to spend their holidays? 5. Can they manage alone/on their own/by themselves? 6. Will the librarian be here next week? 7. Could someone help us (to) choose a book? 8. What would you take in my position/if you were me? 9. Do many people borrow this kind of book? 10. What makes them choose novels rather than short stories?

133.
1. Where did they emigrate from? 2. What did they have to go through? 3. What did they watch for? 4. Whose cases did they check first? 5. What were they afraid of? 6. What were they impressed by? 7. What did they start looking for? 8. Which inspector was he questioned by? 9. Who did they send money to? 10. What would they still think of?

134.
1. Who – 2. Who/What – 3. Where — 4. Who/Where – 5. Whose – 6. Which – 7. What – 8. Who – 9. What – 10. What/Which

135.
1. Where do you get the best view (from)? 2. What do you want to see her about? 3. What do Japanese people eat with? Chopsticks? 4. Who did you borrow this computer from? 5. Who were you most impressed by? 6. What are you complaining about? 7. What shall I (*ou* do you want me to) carry this vase in? 8. Who are we going to give our kittens away to? 9. Who else have you shown/did you show it to? 10. What/Which shelf shall we/are we going to put this/it on?

136.
Which : 2, 5, 6, 8, 9 – What : 1, 3, 4, 7, 10.

137.
1. What have you bought a grammar-

book for? 2. Why did he take an early bus? 3. Why will she stay at home? 4. What should David get a bag of nails for? 5. What must I phone Joan for? 6. Why was he invited everywhere? 7. Why had they better book in advance? 8. Why does he speak so loud? 9. What did he take a side-street for? 10. What does Sheila want to go on a diet for?

138.
1. What was the first candidate like? 2. How is business? 3. How is she today? Any better? 4. What was the hotel on the sea front like? 5. How did you find it/him? 6. How often do you go to the pictures? 7. How long have you had your driving licence? 8. How long ago was this house renovated? 9. Since when have you had this credit card? 10. How long will you stay in New York?

139
1. How deep?/(g) – 2. How fast?/(h) – 3. How quick?/(1) – 4. How poor?/(j) – 5. How good?/(a) – 6. How large?/(b) – 7. How often?/(c) – 8. How soon?/(d) – 9. How old?/(e) – 10. How far away?/(f).

140.
1. Who was the blond woman? 2. How old was she? 3. How long had she been dead when I was called for? 4. Why was she murdered? 5. What was she murdered with? 6. Why weren't there any traces of blood on the carpet? 7. How did the murderer carry her into the library? 8. Who knew her at the manor?/Did anyone know her at the manor? 9. What had she come to the manor for? 10. How did the murderer escape?

141.
1. What time did he have . . . ? 2. What have you got . . .? 3. How often do you have to. . . / have you got to . . .? 4. Have you had time . . . ? 5. Will you still be . . . ? 6. Will you have a van . . . ? 7. Did you have a lot . . . ? 8. Has he been a good partner? 9. Were your partners on your side? 10. Would they rather go . . . ?

XVII. LES PHRASES NÉGATIVES

142.
1. He trusts nobody but himself. 2. They didn't have anything interesting to say. 3. They aren't on friendly terms any longer. 4. The newcomers knew no one in the area. 5. I was there, but I heard nothing. 6. I'm sorry, but I can do nothing for you/there's nothing I can do. 7. He hasn't got/doesn't have any valid reason to refuse. 8. That means nothing. 9. You won't find this article anywhere else. 10. The poor child hasn't got/doesn't have anyone to turn to.

143.
1. I didn't do any/I did no work yesterday. 2. He didn't buy anything/He bought nothing with his pocket-money. 3. There isn't any food/There's no food left in the fridge. 4. Ten mice died, and there was none left. 5. He has (got) no responsibilities (*ou* He doesn't have/hasn't got any responsibilities). 6. They haven't got anywhere to stay (*ou* They don't have anywhere/They have (got) nowhere to stay). 7. He doesn't have/He hasn't got to get up early tomorrow. 8. There may not be enough petrol left in the tank. *(contraction impossible)* 9. They didn't have anything/They had nothing to eat before they left. 10. No (other) doctor could have saved him.

144.
1. I don't go to that shop any more/longer./I no longer go to that shop. 2. I can't bear this situation any longer/more./I can no longer bear this situation. 3. No more peaches! What a pity! 4. I don't appreciate him any more than you do./I appreciate him no more than you do. 5. He no longer knows what he's doing./He doesn't know what he's doing any longer/more. 6. No more shouting! That's enough! 7. She is no more an artist than I am. 8. I don't want any more, thanks. 9. Never more *(rare et poétique)*!/Never again! 10. I told him not to phone me any more./I told him to phone me no more.

145.
1. any – 2. Either – 3. none – 4. Neither – 5. any – 6. either – 7. any – 8. none – 9. any – 10. no.

146.
1. Both Miss Brown and Miss Hodge can type at reasonable speed. 2. Neither Mrs Beck nor Miss Hodge can speak French fluently. 3. Both Miss Brown and Mrs Beck can speak Spanish. 4. Miss Brown can speak neither French nor German. 5. Mrs Beck can neither type fast nor speak French fluently. 6. Mrs Hayes can speak both French and German fluently. 7. Miss Hodge can both type at reasonable speed and speak German. 8. Neither Mrs Beck nor Miss Hodge is ready to work overtime. *(Remarquez le verbe au singulier : ni l'une ni l'autre.)* 9. Miss Brown is both

ready to work overtime and willing to keep the office open in July. 10. Miss Hodge is neither ready to work overtime nor willing to keep the office open in July.

147.
1. (i) too – 2. (f) either – 3. (b) too – 4. (j) too – 5. (a) either – 6. (d) either – 7. (e) either – 8. (g) too – 9. (c) either – 10. (h) too.

148.
1. Since when haven't you smoked? 2. Which words/ones can't you understand? 3. Why won't Jerry/he drive? 4. What dishes doesn't she like? 5. Whose jokes didn't they understand? 6. Why won't they be allowed ... ? 7. Which of his friends/of them shouldn't be trusted? 8. What dates mightn't be convenient? 9. Who wouldn't you ask? 10. What couldn't she have thought of?

149.
1. Why didn't you buy a Jaguar? 2. Why aren't they at school? 3. Why haven't the bedrooms been redecorated? 4. Why won't Bill be able to come? 5. Why don't people read poetry? 6. Why mustn't I open the window? 7. Why can't he use his right hand? 8. Why doesn't the cat dare to jump from the first-floor window? 9. Why couldn't Mary ask Ross to help her? 10. Why wouldn't it have been possible to go by plane?

150.
1. Haven't you ever met your M.P.? 2. Won't you use the Channel Tunnel? 3. Doesn't he realize the danger? 4. Can't you eat any sugar? 5. Why didn't you wait for me the other day? 6. Don't you have to get up early tomorrow morning? 7. Why didn't you say something/anything? 8. Wasn't it too hot in Death Valley? 9. Hasn't he already been faced with such a problem? 10. Some books are missing. Which ones haven't been returned yet?

151.
1. Hardly had the two countries come to an agreement when they fell out again. 2. Not only did he drive over the speed limit, but he drove without a licence as well. 3. Never before had I seen such a moving film. 4. Never again will they use the same strategy. 5. No sooner had the men been parachuted than they disappeared behind enemy lines. 6. Not until the air base had been seized did the armoured force arrive. 7. They didn't say anything about the food; neither/nor did they complain... 8. Not only was there no bathroom, but there were bugs in the bed! 9. Nowhere else will you find such a bunch of wild adventurers. 10. In no other army corps have I seen such temerity.

XVIII. PHRASES EMPHATIQUES ET EXCLAMATIVES

152.
1. woman – 2. this – 3. ruined – 4. un- – 5. two – 6. hers – 7. anybody – 8. into – 9. or – 10. me.

153
1. You are a nuisance. 2. Do stop it. 3. He does need a rest. 4. They did make a mistake. 5. I will carry your bag for you. 6. I do hope things will change. 7. I would have given... 8. She does look upset. 9. He has read the whole book. 10. Do let's get started.

154.
1. He isn't/is not restless 2. He doesn't/does not disturb the class 3. He is attentive 4. He does do all he can 5. He did tell me about it 6. He didn't/did not answer insolently 7. He did give me all the details 8. He does like children 9. I do understand the situation 10. They can improve.

155.
1. Do you or don't you work for the Cola-Cola company? 2. Have you or haven't you had access ... ? 3. How ever/on earth/the devil did you manage to get the formula? 4. Did you or didn't you get it from an employee ... ? 5. What ever/on earth/the devil were you going to do ... ? 6. Were you or weren't you going to sell ... ? 7. Who ever/on earth/the devil was to be your contact ... ? 8. Where ever/on earth/ the devil had you arranged to meet? 9. Why ever/on earth/the devil don't you give us ... ? 10. Will you or won't you cooperate?

156.
1. How disgusting! 2. What courage! 3. What a nuisance! 4. How exciting! 5. What patience! 6. How clever! 7. What a disgrace! 8. What selfishness! 9. What a relief! 10. How wise!

157.
1. It is such a nice colour! 2. He was so upset! 3. It is such an unexpected decision! 4. There was such rough weather! 5. It is so cloudy! 6. They are such wonderful people! 7. He is so lazy!

8. It was such beautiful furniture! 9. She is so candid! 10. He is such an imaginative person!

158.
1. ∅ – 2. ∅ – 3. a – 4. What an excellent cook... – 5. a – 6. ∅ – 7. so unexpected a decision. – 8. such a tricky situation. – 9. ∅ – 10. ∅.

159.
1. so much – 2. so little – 3. so – 4. so many – 5. so few – 6. so few – 7. such – 8. so many – 9. such.

160
1. Isn't it sad! 2. Doesn't she look miserable! 3. Hasn't he grown! 4. Didn't he grumble! 5. Isn't he a dear! 6. Weren't we bored! 7. Didn't we hurry! 8. Wasn't it a bargain! 9. Haven't they travelled! 10. Don't people change!

161.
1. How I miss California! 2. It offers such varied landscapes! 3. We met so many charming people there! 4. I still remember how cold it was in San Francisco. 5. But it's such a beautiful city! 6. There was such dense fog over the bay that we could hardly see the Golden Gate Bridge! 7. But what a sight when it lifted! 8. And what fun it was to take the cable-car to go to Chinatown! 9. I would so much like to be able to go back to San Francisco sometime! 10. What a pity it's so far!

XIX. PHRASES ELLIPTIQUES

162.
1. Yes, he is. No, he isn't. 2. Yes, they do. No, they don't. 3. Yes, you can. No, you can't. 4. Yes, it would. No, it wouldn't. 5. Yes, it has. No, it hasn't. 6. Yes, it can. No, it can't. 7. Yes, it does. No, it doesn't. 8. Yes, it was. No, it wasn't. 9. Yes, they should. No, they shouldn't. 10. Yes, it will. No, it won't.

163.
1. So it has. 2. So it was. 3. So they did. 4. So she would. 5. So there are. 6. So they must. 7. So they do. 8. So they should. 9. So she can. 10. So she does.

164.
1. John is. 2. John doesn't. 3. John would. 4. John does. 5. John wasn't. 6. John didn't. 7. John did. 8. John hasn't. 9. John can. 10. John won't.

165.
1. So must I. 2. So are Sam and Harry. 3. Neither/Nor does their daughter./Their daughter doesn't either. 4. So do most pupils in her class. 5. So does everybody. 6. Neither/Nor were my parents./My parents weren't either. 7. Neither/Nor have the other suspects./The other suspects haven't either. 8. So do you. 9. Neither/Nor do I./I don't either. 10. Neither/Nor would his own mother./His own mother wouldn't have either.

166.
1. *Situation semblable :* So do I. / *Situation différente :* I don't. 2. So did I. / I didn't. 3. Neither have I. /I have. 4. So would I. /I wouldn't. 5. Neither am I. / I am. 6. Neither can I. / I can. 7. Neither did I. / I did. 8. So did I. / I didn't. 9. So am I. / I'm not. 10. Neither do I. / I do.

167.
1. isn't he? 2. is there? 3. should he? 4. hadn't you? 5. couldn't they? 6. was there? 7. doesn't it? 8. should they? 9. does she? (rarely *est un mot à sens négatif.*) 10. have you? (hardly *est un mot à sens négatif.*)

168.
1. d – 2. g – 3. a – 4. h/b – 5. f – 6. b/h – 7. j – 8. i – 9. e – 10. c.

169.
1. f – 2. h – 3. j – 4. e – 5. c – 6. b – 7. i – 8. g – 9. a – 10. d.

170.
1. He doesn't do as much sport as he ought to. 2. He was going to kill the kittens but the children begged him not to. 3. I won't do this work even if the boss asks me to. 4. I'm sorry I interrupted you; I didn't mean to. 5. We didn't feel like staying there but we had to. 6. — He should understand. — You can't expect him to, he's not mature enough. 7. His parents let him drive the tractor but he shouldn't be allowed to. 8. Don't say I told you about his misadventure; I wasn't supposed to. 9. She swore she would get her own back and I bet she's going to. 10. We were thinking of putting up a fence but we finally decided not to.

171.
1. — Do you think it's going to rain? — I'm afraid so. 2. — Will they have to give up the project? — They hope not. 3. — People/They say prices are going to go down. — I don't believe so (*ou* it). 4. — He should make an effort. — Everybody keeps telling him so. 5. — I hope he'll pass his exam. — I hope so too. 6. — Has she found her watch? — I'm afraid not. 7. — Have they arrived?

— I think so. 8. — It's forbidden. — Nobody said so! 9. — Is the operation painful? — I don't think so. 10. — Is McKay going to be elected? — His supporters expect so.

172.

— Do you like Oriental cuisine?
— Yes, I do.
— Well, I don't. Everything seems to taste the same. Don't you think so?
— Not at all. You're very particular about food, aren't you?
— I must say (confess) I am.
— Last week, we went to the Vietnamese restaurant in Market Street. You've heard of it, haven't you?
— Yes, I have. Isn't it the one that opened two months ago?
— Yes, it is. Their cuisine is delicious. I'm sure you'd like it.
— Are you?/Would I? It may be worth trying then.
— We could go there sometime next week. Are you and Jim free on Tuesday night?
— I'm afraid not. What about Wednesday?
— Right. We could go there with Michael and Liz, couldn't we?
— What a good idea! Do you think they'll be able to come?
— I hope so. They like going out.
— So do we. We love it.
— (Do) you know what? I'd like to follow cookery classes. Wouldn't you?
— Yes, I would but unfortunately I haven't got enough time.
— Neither have I, in fact.
— We can't always do what we'd like to, can we?
— Which of you two does the cooking? You or Jim?
— I do. Jim doesn't like to.
— He told me that your speciality was frozen pizza.
— Did he? How did he dare? To think that I spend hours slaving over a hot stove!
— Do you?
— Men always exaggerate. They are much too spoilt.
— So they are.

173.

1. may have been – 2. should have – 3. must be – 4. can't have been – 5. will – 6. should (*ou* should have) – 7. might be – 8. may have – 9. can't be – 10. shouldn't have.

XX. LE DISCOURS INDIRECT

174.

1. told – 2. tell – 3. said – 4. said – 5. say – 6. told – 7. said – 8. say – 9. told – 10. say.

175.

1. Betsy said that she had bought some lovely Valentines the week before. 2. Simon said that he had found funny ones at his favourite card-shop two weeks before. 3. Nick said he had written a few Valentines the day before. 4. Margaret said that she had posted hers that morning. 5. Tricia said that she hadn't had much time to think of Valentines until then. 6. Ted said that he would certainly send one or two the next day/the following day. 7. Gerald said that his had been sent the Monday before/the previous Monday. 8. Laura said that she wouldn't have time to write anything until the following weekend. 9. Michael said he had written his Valentines the night before instead of watching T.V. 10. Cathy said hers would all be sent that day.

176.

1. was – 2. was trying – 3. had – 4. was – 5. might be – 6. would never forgive – 7. happened – 8. had got – 9. had met – 10. had refused – 11. had never been – 12. ought to be – 13. did not know – 14. were going – 15. have been *(car ils y sont toujours au moment où l'on parle)* – 16. would be coming – 17. would kill – 18. had – 19. got – 20. could help.

177.

They wanted to know...
1. how I had learnt/learned about the job opportunities. 2. what had led me to apply for a summer job. 3. how old I was. 4. if/whether I lived in the area. 5. if/whether I had had any previous job experience. 6. how much I knew about clerical work. 7. how I would describe myself. 8. if/whether I had any health problems. 9. if/whether I was ready to work overtime. 10. if/whether I could start in two weeks' time.

178.

1. She wondered what she should do/what to do. 2. She asked me who I had written to. 3. She asked me how long I had had to wait. 4. She wanted to know where she could get a visa from. 5. She asked me if/whether I had ever heard such nonsense. 6. She wanted to know what time the train was. 7. She wondered where they could be hiding.

8. She wondered/wanted to know how much it would cost. 9. She wondered/ wanted to know why nobody had told her. 10. She asked me which colour I thought was the nicest.

179.
1. He implored them to help him. 2. He reminded them not to leave the keys behind. 3. He ordered them not to move or (to) make a noise. 4. He asked them to come in. 5. He invited them to sit down and (to) have a drink. 6. He urged them to hurry up and not to keep everybody waiting. 7. He forbade them to talk to strangers. 8. He directed them to go straight ahead until they came to a traffic-light. 9. He warned them not to be insolent and not to answer back. 10. He told them to have a good time while they could.

180.
1. Stay at home! 2. Is anybody working on the project? 3. Things will be easier when you are older. 4. Don't do anything too tiring. 5. Shall/Can I drive you back home? 6. How is it that the child can't read? 7. Did you have anything to eat yesterday? 8. Which car do you think I should buy? 9. Don't work until the last minute./You shouldn't work/You'd better not work... 10. Why did things happen the way they did?

181.
1. The inspector asked the man if he had ever had any trouble with the police. 2. The keeper told us smoking was forbidden. 3. Jane said she would be going to the jazz concert the following night, and Linda said she would be going too. 4. Stan told me his father didn't help him much, and his brother didn't either. 5. We told Stan it had been/was a very good idea to bring his guitar. 6. Patrick asked me if I had been working long. 7. The thief asked his mate if anyone had seen him get in. 8. Linda told me (that) if I felt a little depressed, I could call her./Linda told me to call her if I felt a little depressed. 9. I told Greg I would never trust him again. 10. Celia offered to bring her mother an aspirin.

XXI. LES PHRASES AVEC « *THERE* »

182.
there: 2, 4, 6, 9 – it : 1, 3, 5, 7, 8, 10.

183.
1. Are there 2. There have been 3. there won't be 4. there had been 5. Has there been 6. There used to be 7. There is going to be... isn't there? 8. were there 9. there was (*ou* were) 10. there wouldn't be.

184.
1. Suddenly, there was a great silence. 2. Didn't there use to be a cinema here? 3. No, there has never been a cinema in this street. 4. There is going to be a big concert against apartheid. 5. There are going to be at least 20 000 people. 6. Were there many questions after the conference/lecture? 7. I thought there would be champagne! 8. I'm sure there exists (*ou* there is) a special knife for opening oysters. 9. If there had been a stop sign, there would not have been an accident. 10. There don't seem to be a lot of parks in this town.

185.
1. a – 2. j – 3. h – 4. e – 5. b – 6. c – 7. i – 8. f – 9. g – 10. d.

186.
1. They have known each other for years. 2. There should/ought to be (some) instructions for use. 3. There would not have been a parade without the support of the local associations. 4. There seems to be a lot of traffic this morning. 5. The dodo disappeared (*ou* became extinct) a long time ago./It is a long time since the dodo disappeared. 6. There does not remain much to say/to be said. (*ou* There is not much left to say/to be said.) 7. But there remain several things to do/to be done. (*ou* But there are several things left to do/to be done.) 8. There is no knowing who he is going to vote for. 9. There should have been life-jackets on the boat. 10. There used to be a stone bridge over the river.

XXII. LES FORMES EN « *-ING* »

187.
1. Being very lazy, he never got up before ten. *(cause)* 2. His wife being dead, he emigrated to the U.S.A. *(cause)* 3. Going to school, he met with an accident. *(temps)* 4. Having very little money, they didn't go on holiday. *(cause)* 5. Seeing that the baby was very ill, she called the doctor. *(cause)* 6. Nobody giving him a lift, he walked back home. *(cause)* 7. Being very attractive,

she had no problem finding a husband. *(cause)* 8. Having finished her book, she went on holiday. (*cause*) 9. Looking out of the window, she saw that the garden was covered with snow. *(temps)* 10. Pulling out a gun, he ordered them to put up their hands. *(temps)*

188.
1. Having read the letter, he threw it away. 2. Being a professional, he... 3. Having queued for hours in the cold, we were... 4. Not knowing she was subject to hay fever, we... 5. Reading the letter, she burst out crying. 6. Arriving on a Saturday night, we couldn't... 7. Their dog being very friendly, he didn't... 8. Having had a look round, she decided... 9. Having booked two months in advance, we managed... 10. The gate being locked, we had to...

189.
a. 1. Reading detective stories is exciting. 2. Feeding the monkeys is forbidden. 3. Learning Chinese is difficult. 4. Speaking English fluently is very useful. 5. Travelling abroad is expensive.
b. *exemple de réponse :* Scrubbing the floor was the most tiring.

190.
1. He played football with his friends instead of doing his homework. 2. You should do some exercise instead of staying at home and watching T.V. 3. On seeing the bill he had a shock. 4. Before going in he wiped his shoes on the mat./ After wiping his shoes on the mat, he went in. 5. He threw the letter away after reading it. 6. She went to school without eating anything. 7. On seeing the ghost he ran away. 8. You'll improve your English by using this book. 9. They stole a purse without being seen. 10. You can get good marks by working hard.

191.
1. His listening to his walkman all the time annoyed his parents. 2. My parents object to my going out with Ronald. 3. I object to having to do all the dirty work. 4. The artist's being vain irritated the journalist. 5. The children's often being ill made their parents' life difficult. 6. Collecting carrier-bags is her hobby./Her hobby is collecting carrier-bags. 7. He apologized for his son's bothering the neighbours' dog. 8. I can't stand his being idle. 9. Doing 30 miles every day is exhausting for him. 10. He thanked her for being very tactful.

192.
1. I can't help laughing. 2. He went on reading... 3. Gary is looking forward to going on holiday... 4. He is used to jogging. 5. The child apologized for being rude... 6. She gave up smoking... 7. I don't feel like going out... 8. This film is worth seeing... 9. It's no use buying a dictionary... 10. Do you mind sitting on the floor?

193.
Nous donnons une seule réponse par phrase. 1. meeting – 2. The printing – 3. The dusting – 4. the organizing; following orders – 5. the picking; the stoning – 6. changing – 7. the ironing (*ou* ironing) – 8. doing weight-lifting – 9. The making-up.

XXIII. INFINITIF COMPLET ET INFINITIF SANS « *TO* »

194.
1. I find it thrilling to read a good... 2. She finds it relaxing to lie in the sun for hours. 3. I find it boring to sit on a chair for hours. 4. She found it exhausting to look after five children. 5. He found it frustrating to fail his exam after working so hard. 6. She finds it amusing to listen to Dud and Pete. 7. I find it exasperating to hear my boss shouting all the time. 8. She finds it painful to have an injection every day. 9. He finds it impossible to forget his roots. 10. We found it irritating to wait for two whole days.

195.
1. The customs officer asked the passenger to open his bag. 2. John advised his mother to travel by plane. 3. Barbara expected her boss to give her a pay rise. 4. Mrs Leroy ordered Linda to turn the music down. 5. Chris would like her son to spend more time studying. 6. Joan warned her grandmother not to walk on the pavement. 7. My father will allow me to use his car when I have my driving-licence. 8. The terrorist ordered/told the hostage to read the letter slowly... 9. The slave begged the king to be merciful. 10. Mrs Ruggles asked/wanted her son to go to the butcher's to buy three pounds of beef.

196.
1. It is very nice/kind of you to have brought me these flowers. 2. He is too clever not to have understood. 3. I am

sorry not to have been able to come earlier. 4. The best way to speak English is to go to England or to the States regularly. 5. He is not old enough to be given such responsibilities. 6. We don't have any friends to play with. 7. Who was the first man to walk on the moon? 8. As usual, Jenny was the last to come/arrive. 9. He was afraid of crowds, afraid to go out alone. 10. She is very careful not to hurt anyone.

197.
1. I met Larry in/on the street, but he pretended not to recognize me. 2. I like going/to go out in the evenings, going/to go to the cinema or dancing with friends. 3. I have just made a great decision: I have decided to give up smoking. 4. Can we sit on this bench? I'm not used to walking so much. 5. The government expects the unions to refuse the new measures. 6. Try contacting a publishing house to have your book published. 7. The assistant tried to convince the customer. 8. I remember seeing (the film) "Casablanca" last summer. 9. Remember to buy (some) bread for tonight. 10. Lying on the sand for hours is terribly/utterly boring.

198.
1. I saw him get out of his car at 7 p.m. – 2. jump – 3. unlock – 4. walk in; put on – 5. dozing – 6. let in – 7. taking; adding; mixing – 8. arguing – 9. celebrating – 10. pack.

199.
1. made – 2. let – 3. makes/has made – 4. made – 5. make – 6. have – 7. let – 8. had – 9. let – 10. had.

200.
1. The cold makes me shiver. 2. A great explosion made my hair stand on end. 3. While lying in bed (*ou* From my), I heard the dogs barking all night. 4. My parents helped us (to) wallpaper the bedroom. 5. I heard him slam the door. 6. The murderer was seen to shoot (*ou* fire at) the victim. 7. You were not supposed to finish off the bottle of champagne. 8. I showed her how to change a tyre. 9. My parents will never let me go to the States alone. 10. Eating/To eat sweets makes me thirsty.

XXIV. LES MOTS DE LIAISON

201.
otherwise: 1, 7, 9 – and yet: 2, 5, 8 – therefore: 3, 4, 6, 10.

202.
although: 4, 7, 9, 10 – in spite of: 2, 6, 8 – whereas: 1, 3, 5.

203.
1 + as soon as + h – 2 + when + b – 3 + unless + j – 4 + whereas + d – 5 + so that + f – 6 + since + e – 7 + provided + c – 8 + although + i – 9 + otherwise + g – 10 + in case + a.

204.
1. because, for, since – 2. consequently, so, that's why, therefore – 3. although, though, and yet, still (*en faisant précéder* still *de;*) – 4. because, for, since – 5.; consequently,; so,; that's why,; therefore – 6.; and yet,; nevertheless,; however – 7.; nevertheless,; however,; and yet,; still – 8.; consequently,; so,; therefore – 9. unlike – 10. Despite, In spite of.

205.
1. b – 2. c, d – 3. c, d – 4. a, d – 5. c, d – 6. a, b, c, d – 7. c – 8. b – 9. d – 10. b, d.

206.
1. As soon as – 2. until – 3. since – 4. before – 5. while – 6. Whenever – 7. After – 8. Now that – 9. Once – 10. As.

207.
a. 1. In spite of the cold, the children... 2. In spite of his wealth and fame, the singer ... 3. In spite of his parents' objections, Tom ... 4. In spite of several warnings, the tourists went ... 5. In spite of his many qualifications, he can't ...

b. 1. Sally works overtime, unlike her boss, who leaves the office at 6 sharp. 2. Dave is very good with his hands, unlike his brother, who is... 3. *impossible* 4. Unlike what I had been told, it was not possible... 5. *impossible.*

208.
1. Although he's only her adoptive father, she looks like him. 2. Even though I know there have been serious accidents, I am going to take flying lessons all the same. (*ou* still, I am going...) 3. Unless I am totally mistaken, I think she has been on the stage. 4. I realized at once he was a policeman, and yet he wasn't wearing a uniform. 5. Since you're so smart, try to solve this equation. 6. He gets up late in the mornings, for once he has started working, he won't be able to any more. 7. However nice this house is, I think it's too expensive. 8. You should let the dough rest, otherwise the cake won't be good.

INDEX GRAMMATICAL

N° d'éditeur : 10024076 - III - (18,5) - OSB - 80 — Dépôt légal : septembre 1994
Composition : COUPÉ
Imprimé et broché en France par Pollina, 85400 Luçon - n° 66165